Adolf Drechsler

Charakteristik der philosophischen Systeme seit Kant

Adolf Drechsler

Charakteristik der philosophischen Systeme seit Kant

ISBN/EAN: 9783743422087

Hergestellt in Europa, USA, Kanada, Australien, Japan

Cover: Foto ©Thomas Meinert / pixelio.de

Manufactured and distributed by brebook publishing software (www.brebook.com)

Adolf Drechsler

Charakteristik der philosophischen Systeme seit Kant

Charakteristik

der

philosophischen Systeme

seit Kant.

Vorträge

gehalten zu Dresden

von

Dr. Adolph Drechsler.

DRESDEN,

Verlagsbuchhandlung von Rudolf Kuntze.

1863.

Vorbemerkung.

Die „Charakteristik der philosophischen Systeme seit Kant" ist als Fortsetzung der von mir unlängst veröffentlichten „Stellung des Fichte'schen Systems im Entwickelungsgange der Philosophie" zu betrachten, indem diese die Charakteristik der philosophischen Systeme von Thales bis Fichte enthält. Letztere hat das Fichte'sche System zum Endpunkt, weil sie als Vortrag zur Fichte-Feier entstand. erstere beginnt mit Kant, damit sie ein in sich abgeschlossenes Ganzes bilde. Es ist daher die Philosophie sowohl Kant's als auch Fichte's zweimal grundzüglich mitgetheilt worden, und zwar, nicht in verschiedenen Auffassungen, sondern in verschiedenen Ausdrucksweisen einer und derselben Auffassung. Das Lesen beider Darstellungen wird daher das Verständniss beider Systeme erleichtern.

Durch die Ausarbeitung und Veröffentlichung der beiden Charakteristiken habe ich die Aufgabe zu lösen versucht: in möglichster Kürze und Klarheit die Grundgedanken sämmtlicher auf den Entwickelungsgang der Philosophie einwirkenden philosophischen Systeme aufzustellen, damit jeder im Allgemeinen gebildete Leser in kurzer Zeit und mit geringer Mühe eine Einsicht in das Innere der Philosophie gewinnen, und in den wichtigsten Fragen, die der Mensch an sich richten kann und soll, in den Fragen auf Tod und Leben, auch die Ergebnisse der philosophischen Forschungen der alten und neuen Zeit bei der Bildung seines Endurtheils sich vergegenwärtigen könne.

Möge der Leser dieser Charakteristiken meine völlige Hingebung an die Sache in meiner Arbeit erkennen!

Dr. Adolph Drechsler.

Das Leibnitz-Wolf'sche System der Philosophie, welches in der zweiten Hälfte des vorigen Jahrhunderts in Deutschland herrschend war, hatte zwei Haupttheile: Die Doctrin vom vernünftigen Wissen und die Doctrin vom vernünftigen Handeln (theoretische und praktische Philosophie). Die theoretische Philosophie enthielt die Lehren von der sich äussernden Thätigkeit der Seele und von den diese Thätigkeit durchdringenden Gesetzen (empirische Psychologie und Logik), ferner die Erörterungen über allgemeine Vorbegriffe der Philosophie, über das Wesen des All, über das Wesen der Seele und über das Wesen Gottes (Metaphysik, als: Ontologie, allgemeine Kosmologie, rationale Psychologie und natürliche Theologie). Die praktische Philosophie hatte einen allgemeinen und einen bebesondern Theil; in jenem wurden die zugehörigen Begriffe und Principien aufgestellt und erläutert, in diesem wurden Naturrecht, Moral und Staatslehre behandelt. Die Methode dieser Schule war Dogmatismus; es wurden bei der Behandlung der einzelnen Abtheilungen der Philosophie willkührlich allgemeine Grundsätze an die Spitze gestellt und dann in richtiger Consequenz Lehrsätze daraus abgeleitet und mit Hinweis auf die regelrechte Schlussfolge für Wahrheiten ausgegeben.

Kant trug seit 1755 als Docent an der Universität zu Königsberg Logik und Metaphysik vor und hielt sich dabei anfangs in der Hauptsache an das genannte dogmatische System. Im Jahre 1770 jedoch veröffentlichte er eine Abhandlung: „*De mundi sensibilis et intelligibilis forma et principiis*" (Ueber die Form und die Principien der Sinneswelt und der Verstandeswelt), in welcher eine Veränderung seines philosophischen Standpunktes sich zeigte. In dem *Leibnitz-Wolf*'schen Lehrgebäude war es nämlich namentlich die Metaphysik, also die Wissenschaft von den tiefsten Gründen der menschlichen Erkenntniss, an deren dogmatischem Charakter *Kant* Anstoss nahm, und gleichwohl mochte er sich nicht so ohne Weiteres an den alles Erkennen und Wissen läugnenden Skepticismus anschliessen. *Locke* und *Hume* hatten ihn, wie er sagt, aus seinem dogmatischen Schlummer geweckt. *Hume* hatte den Begriff der Casualität, d. i. der Verknüpfung von Ursache und Wirkung, der Vernunft vorgehalten; er hatte diese gefragt, mit welchem Rechte sie sich denke, dass etwas so beschaffen sein könne, dass, wenn es gesetzt sei, dadurch nun auch etwas anderes gesetzt sein müsse? Der hierin enthaltene Gedanke der Nothwendigkeit einer Verknüpfung könne nicht aus der Erfahrung entnommen werden, und die Vernunft täusche sich mit diesem Begriffe, er sei ein Erzeugniss der Einbildungskraft; die subjective, also im Menschen entstehende, Gewohnheit der Wahrnehmung werde willkührlich als objective, d. i. im Gegenstande liegende, Gesetzlichkeit der Erscheinung betrachtet; man verwandele z. B. willkührlich das Wahrnehmungsurtheil: „wenn die Sonne den Stein beschienen hatte, so war er warm" in den Erfahrungssatz: „die Sonnenstrahlen erwärmen den Stein".

Durch diese Bemerkung zu erweiterten Forschungen in dieser Beziehung angeregt, entdeckte *Kant* bald, dass in der ganzen Metaphysik in ähnlicher Weise verfahren werde, dass der Verstand hier, ohne auf Erfahrung sich stützen zu können, nothwendige Verknüpfungen der Objecte sich denke. Diese Entdeckung nun erweckte in ihm den Gedanken, dass es unerlässlich sei, das Vermögen selbst, durch welches man Erkenntnisse erwerbe, zu untersuchen, bevor man mit der Erwerbung der Erkenntnisse, welcher Art dieselben auch sein mögen, beginne. Die Resultate dieser Untersuchung des menschlichen Erkenntnissvermögens sollten dann zum Plan, zur Grundlage, als Werkzeug und möglicher Weise auch als Baumaterial für das Gebäude der Philosophie verwendet werden.

Der Gedanke, des Menschen Erkenntnissvermögen zu zergliedern, dem Verfahren der einzelnen Thätigkeiten der Seele nachzuspüren, zu erforschen, was man mit den vorhandenen Mitteln in der That auszurichten im Stande sei, die Grenzen sowohl der einzelnen Seelenkräfte gegen einander, als auch ihres Gesammtgebietes genau festzusetzen, und diese Voruntersuchungen vor der Errichtung des philosophischen Lehrgebäudes selbst in systematischer Weise anzustellen: dies war vor *Kant* von Niemandem als unerlässliche Forderung ausgesprochen worden; nur *Hume* hatte in der oben angedeuteten Weise zu diesem Gedanken Veranlassung gegeben.

So schuf denn *Kant* die Grundlage der Transscendental-Philosophie, des Kriticismus, des kritischen Idealismus, des **transscendentalen Idealismus**, oder wie man auch dieses vorbereitende und einleitende Verfahren des Philosophirens nennen möge, und hierin eine neue Wissenschaft als einen wesentlichen Theil der Philosophie. Es wird daher mit Fug und Recht der Anfang der neuesten Philosophie in dem selbstständigen Auftreten *Kant*'s, in seiner Einführung der Doctrin des transscendentalen Idealismus in die Philosophie, angenommen.

Was wird nun aber durch die Worte „transscendentaler Idealismus" ausgedrückt?

„Transscendental", sagt *Kant*, „bedeutet nicht etwas, was über alle Erfahrung hinausgehe, sondern was vor ihr zwar *(a priori)* vorhergeht, aber doch zu nichts mehreren bestimmt ist, als lediglich Erfahrungserkenntniss möglich zu machen." Man nennt nämlich jede Speculation und jedes System **transscendent**, wenn es über den Kreis des dem Menschen möglichen Erkenntnisses hinausgeht, inwiefern derselbe durch die ursprünglichen Gesetze des menschlichen Geistes bestimmt ist; hingegen „bedeutet das **Transscendentale** so viel als das Ursprüngliche, das *a priori* Bestimmte, in Betracht unserer gesammten geistigen Thätigkeit, welches aller Erfahrung zu Grunde liegt. Es geht zwar auch über die wirkliche Erfahrung selbst hinaus, aber es ist nicht von derselben isolirt, sondern es verhält sich zu ihr, wie das Bedingende zum Bedingten; es ist der Möglichkeitsgrund der empirischen Wahrnehmung, und hierdurch unterscheidet sich die Berechtigung des Transscendentalen von derjenigen des Transscendenten wesentlich in Ansehung seiner Aufnahme in den Kreis unserer Erkenntniss."

Ferner sagt *Kant*: „Der von mir transscendental genannte **Idealismus** betrifft nicht die Existenz der Sachen, denn die zu bezweifeln ist mir niemals in den Sinn gekommen, sondern blos die sinnliche Vorstellung der Sachen, dazu Raum und Zeit gehören und von diesen, mithin überhaupt von allen Erscheinungen habe ich nur gezeigt, dass sie nicht Sachen, sondern blose Vorstellungsarten, auch nicht den Sachen an sich selbst angehörige Bestimmungen sind. Das Wort **transscendental** aber, welches bei mir niemals eine Beziehung unserer Erkenntniss auf Dinge, sondern nur auf's Erkenntnissvermögen bedeutet, sollte diese Missdeutung verhüten. Ehe sie aber dieselbe doch noch fernerhin veranlasse, nehme ich diese Benennung lieber zurück und will diesen Idealismus den **kritischen** genannt wissen." Durch dieses Beiwort unterscheidet *Kant* seinen Idealismus einerseits von demjenigen, welcher wirkliche Sachen für blose Vorstellungen hält, andererseits von demjenigen, welcher blose Vorstellungen für wirkliche Sachen ausgiebt, und er sagt, man könne füglich jenen den **schwärmenden**, diesen den **träumenden** heissen.

Der kritische Idealismus ist das Charakteristische der *Kant*'schen Philosophie, und es ist daher in gegenwärtiger Darstellung vor Allem dieser ausführlich zu erörtern.

Wir haben zunächst nun die Gegenstände, auf welche die Kritik sich erstreckt, zu ermitteln, wir haben die Quellen, aus welchen die Erkenntniss fliesst, aufzusuchen, und die Art, wie dieselbe gewonnen wird, in's Auge zu fassen.

„Die Vermögen des Gemüths, d. i. der gesammten inneren Thätigkeit des Menschen, lassen sich insgesammt auf folgende drei zurückführen: Erkenntnissvermögen, Gefühl der Lust und Unlust, Begehrungsvermögen." Hierauf stützt sich die Eintheilung der Grundkräfte des menschlichen Geistes in **Verstand**, **Urtheilskraft** und **Vernunft**. Der Ansübung aller liegt aber doch immer das Erkenntnissvermögen zu Grunde. Das niedere Erkenntnissvermögen bilden die Sinne; das obere Erkenntnisvermögen besteht aus dem Verstand mit den Principien der Gesetzlichkeit, der Urtheilskraft mit den Principien der Zweckmässigkeit, und der Vernunft mit den Principien der Verbindlichkeit, d. i. des Gesetzes und der Freiheit. „Die Natur gründet ihre Gesetzmässigkeit auf ursprünglichen Principien *(a priori)* des Verstandes als eines Erkenntnissvermögens; die Kunst richtet sich in ihrer Zweckmässigkeit *a priori* nach der Urtheilskraft, in Beziehung auf's Gefühl der Lust und Unlust; endlich die Sitten (als Produkt der Freiheit) stehen unter der Idee einer solchen Form der Zweckmässigkeit, die sich zum allgemeinen Gesetz qualificirt, als einem Bestimmungsgrunde der Vernunft in Ansehung des Begehrungsvermögens."

Dieses System der inneren Kräfte, in ihrem Verhältnisse der Natur und Freiheit, begründet die theoretische und praktische Philosophie und zugleich einen Uebergang von der sinnlichen Unterlage der erstern zu dem Verstandeswesen der andern mittels der Urtheilskraft.

Die Kritik musste daher in drei Richtungen auslaufen, um zu den Quellen der menschlichen Erkenntniss zu gelangen, und so entstanden: Kritik der reinen theoretischen Vernunft, Kritik der praktischen Vernunft und Kritik der Urtheilskraft.

Diese Kritiken zusammen enthalten die Grundlagen zum Transscendentalismus, welcher als nothwendige Voruntersuchung eine Einleitung bildet in die Philosophie selbst, in die Wissenschaft von den letzten Zwecken der menschlichen Vernunft.

Die Kritik der reinen Vernunft erschien zuerst von diesen Werken, und zwar im Jahre 1781. Diese Kritik ist aber noch nicht das System aller Grundsätze der reinen Vernunft selbst, wohl aber eine systematische Untersuchung über das Vorhandensein und über die Classificirung dieser ursprünglichen Principien, welche, wenn sie vorhanden sind, darauf hindeuten, dass der Mensch Etwas in sich habe, was nicht durch die Aussenwelt geworden ist, was von dieser unabhängig, selbstständig in ihm existirt.

Alle unsere Erkenntniss beginnt mit der Erfahrung, aber nicht alle entspringt aus der Erfahrung. Diejenigen Erkenntnisse, welche ihre Quellen in der Erfahrung haben, heissen Erkenntnisse *a posteriori*, erfahrungsmässige Erkenntnisse, diejenigen Erkenntnisse, welche ihre Quellen nicht in der Erfahrung haben, heissen Erkenntnisse *a priori*, ursprüngliche Erkenntnisse. Dass es überhaupt Erkenntnisse *a priori* giebt, weiss man aus dem Vorhandensein der reinen Mathematik und der reinen Naturwissenschaft. Beide Wissenschaften enthalten nämlich nicht blos solche Urtheile, welche durch Auflösung eines gegebenen Begriffes in seine Merkmale entstehen und welche daher unsere Erkenntniss nur erläutern, nicht erweitern, sie enthalten nicht blos analytische Urtheile; sondern sie enthalten auch ursprüngliche, synthetische Urtheile, d. h. Urtheile, durch welche zum Subject ein Prädicat hinzugefügt wird, welches nicht schon im Subjects-Begriffe als Merkmal enthalten ist, und durch welches daher die Erkenntniss in der That erweitert wird. Z. B. „Zwischen zwei Punkten ist die gerade Linie die kürzeste." Der Begriff der geraden Linie hat den Begriff der Kürze nicht in sich, es wird derselbe hinzugesetzt. Oder: „Die Quantität der Materie in der Körperwelt ist bei aller Veränderung beharrlich dieselbe." Im Begriff der Materie liegt an sich wohl der Begriff der Raumerfüllung, aber nicht der Begriff der Beharrlichkeit, dieser wird hinzugedacht. Die Metaphysik nun besteht aus lauter synthetischen Sätzen *a priori*, wenigstens bezweckt sie, solche Sätze aufzuweisen und zur Geltung zu bringen.

Es fragt sich nun, ob diese metaphysischen Sätze den Charakter der Objectivität haben? ob diese metaphysischen Ideen ausser dem denkenden Subjecte irgendwie existiren? kurz, ob neben der Körperwelt eine von ihr zu trennende Geisteswelt bestehe?

Bevor aber diese Fragen beantwortet werden können, müssen wir die innere Thätigkeit des Menschen in's Auge fassen. Wir werden daher zuerst in der Werkstatt, wo unsere Erkenntniss zu Stande kommt, uns orientiren.

Die transscendentale Erkenntnisslehre, d. h. die Aufsuchung dessen, was im erkennenden Subjecte zur Beschaffung der Erkenntniss überhaupt, als diesem völlig eigenthümlich, vorhanden ist, zerfällt in zwei Theile, in Elementarlehre und Methodenlehre. Die Elementarlehre zerlegt die innere Thatkraft und Thätigkeit in ihre Elemente und betrachtet dieselben; die Methodenlehre zeigt die Wege, auf welchen die Verbindung dieser Elemente in rechter Weise wieder bewerkstelligt wird. Die transscendentale Elementarlehre wird nun wiederum in transscendentale Wahrnehmungslehre oder Aesthetik und in transscendentale Denklehre oder Logik unterschieden. Die Unterscheidung zwischen Aesthetik und Logik gründet sich in dem Unterschied zwischen Sinnlichkeit und Verstand, insofern durch erstere Gegenstände zur Anschauung gebracht, durch letzteren Gegenstände gedacht, d. h. mit Begriffen verbunden werden.

„Unsere Erkenntniss entspringt aus zwei Grundquellen des Gemüths, von welchen die erste ist: die Vorstellungen zu empfangen (die Receptivität der Eindrücke), die zweite: das Vermögen, durch jene Vorstellungen einen Gegenstand zu erkennen (die Spontaneität der Begriffe): durch die erstere wird uns ein Gegenstand gegeben, durch die zweite wird dieser im Verhältniss auf die Vorstellung (als blose Bestimmung des Gemüths) gedacht. Anschauungen und Begriffe machen also die Elemente aller unserer Erkenntniss aus." Diese Receptivität unseres Gemüths gründet sich in der Sinnlichkeit und die Spontaneität der Begriffe im Verstande. Die Wissenschaft der Regeln der Sinnlichkeit ist die Aesthetik im allgemeinen Sinne dieses Wortes, und die Wissenschaft der Verstandesregeln ist die Logik.

Was schafft nun der innere Sinn des Menschen ganz selbstständig bei dem Zustandekommen der sinnlichen Wahrnehmung? welches sind die ursprünglichen Principien der sinnlichen Anschauungen? worin besteht die transscendentale Aesthetik?

Die Sinnenaffection durch einen Gegenstand heisst Gefühl, das Gefühl mit Bewusstsein ist Empfindung; in der Empfindung gründet sich die empirische, die erfahrungsmässige Anschauung. Der Gegenstand der Anschauung heisst Erscheinung. In der Erscheinung correspondirt der Empfindung als solcher selbst die Materie, d. i. die Substanz des Dinges, welche gleichsam hinter oder unter der Erscheinung nicht von den Sinnen erfasst, nur vom Verstande gedacht wird. Dies ist das „Ding an sich". Die Form, in welcher uns die Erscheinung wird, liegt im Gemüth ursprünglich bereit. Trennt man nämlich von der Vorstellung eines Körpers das, was zur Empfindung der Sinne gehört, nämlich die Merkmale, dass der Körper undurchdringlich, hart, farbig, warm, süss u. s. w. sei, ferner auch das, was der Verstand davon denkt, nämlich, dass der Körper eine Substanz oder Kraft in sich habe: so bleibt nur Ausdehnung und Gestalt übrig als der reinen Anschauung ursprünglich zugehörig, als die Form der reinen, von aller Erfahrung abgesonderten Anschauung, als das, was, ehe die Anschauung erfolgt, im anschauenden Subjecte vorhanden ist, so dass Anschauung überhaupt stattfinden könne.

Die Formen sinnlicher Anschauung als die ursprünglichen Principien der Erkenntniss sind der Raum und die Zeit. Der Raum ist die Form der äussern Anschauung bei der unmittelbaren Sinnenaffection, die Zeit ist die Form der innern Anschauung bei der Vorstellung der Sinnenaffectionen; dasjenige, was die Empfindungen und Vorstellungen verursacht, erscheint uns als nebeneinander und nacheinander.

Der Raum ist eine nothwendige Vorstellung und eben wegen dieser Nothwendigkeit eine ursprüngliche Vorstellung, kein empirischer Begriff. Man kann sich niemals eine Vorstellung davon machen, dass kein Raum sei, ob man gleich sich denken kann, dass keine Gegenstände darin angetroffen werden. Dieser Raum nun ist ein einiger und unendlicher. d. h. man muss sich vorstellen, dass alle Abgrenzungen im Raum nicht den Raum selbst betreffen, sondern dass alle von uns angenommenen Theile des Raumes nur einen Raum ausmachen, und dass, wo wir auch die äussersten Grenzen des Raumes setzen möchten, immer noch, ohne Aufhören, ein Fortrücken der Grenzen möglich sei. Die Vorstellung vom Raum ist nicht abgeschlossener Begriff, sondern unendliche ursprüngliche Anschauung. Der Raum stellt keine Eigenschaften der Dinge an sich dar, sondern er ist nur die in uns liegende Bedingung der Sinnlichkeit, unter der allein uns äussere Anschauung möglich ist. Der Raum ist nicht etwas realiter für sich Bestehendes, er gehört nur der Erscheinung der Dinge an, insofern die Erscheinungen zugleich und nebeneinander sind; in ihm gründet sich die Form der Erscheinung jedes Körpers und zwar in dreifacher Ausdehnung; der Raum gewährt die Anschauung von drei Dimensionen zugleich. In Bezug auf das Ding an sich, welches für uns nur im Denken existirt, ist also der Raum ideal, in Bezug auf das Ding als Erscheinung, als von den Sinnen erfasst, ist er real, daher entsteht die Bezeichnung: der Raum hat transscendentale Idealität, aber empirische Realität.

Die Zeit ist eine nothwendige Vorstellung, die allen Anschauungen zu Grunde liegt, und daher ist sie kein aus der Erfahrung entnommener Begriff, sondern nur ursprüngliche Vorstellung. Man kann sich nicht denken, dass keine Zeit sei, obgleich man ganz wohl in den Gedanken die Erscheinungen aus der Zeit wegnehmen kann. Die Zeit hat nur eine Dimension; sie ist zu vergleichen mit der Linie, sie erscheint als eine Reihe von Punkten (Momenten), von welchen jedoch keiner der erste und keiner der letzte ist. Es können daher nicht verschiedene Zeiten zugleich sein. Die Zeit ist eine einige und unendliche. Die Zeit ist kein Begriff, denn jeder Begriff ist begrenzt, sondern sie ist reine Form der sinnlicden Anschauung; sie ist aber weder etwas für sich Bestehendes, noch eine objective Eigenschaft der Dinge; sie bestimmt nur das Verhältniss der Vorstellungen in unserm Innern. Die Zeit ist die ursprüngliche formale Bedingung aller Erscheinungen überhaupt; alle Gegenstände der Sinne als vorgestellte Erscheinungen sind in der Zeit und stehen nothwendig in Zeitverhältnissen. Die Zeit hat nicht absolute, sondern nur empirische Realität, hingegen transscendentale Idealität, d. h. „die Zeit hängt nicht an den Gegenständen selbst, sondern nur am Subjecte, welches diese Gegenstände anschaut."

Aus der transscendentalen Aesthetik, aus der Untersuchung über das niedere Erkenntnissvermögen, über die Wahrnehmung mittels der Sinne im Allgemeinen, hat sich ergeben, dass die Anschauungsformen: „Raum und Zeit" nicht erst durch die Wahrnehmungen selbst in uns entstehen, sondern dass dieselben ursprünglich, *a priori*, in uns vorhanden sind.

Was thut der Mensch selbstständig bei dem Zustandekommen der Gedanken? oder, worin besteht die transscendentale Logik?

Die transscendentale Logik sucht den Ursprung, den Umfang und die objective Gültigkeit solcher Begriffe, welche nur als Handlungen des reinen Denkens selbst vorhanden sind; sie hat es blos mit den Gesetzen des Verstandes und den Principien der theoretischen Vernunft zu thun und enthält nur solche Gegenstände, die nicht aus der Erfahrung abstammen, d. i. Erkenntnisse *a priori*.

Die allgemeine Logik betrachtet nicht den materialen Inhalt des Erkenntnisses, sondern nur die Form des Denkens überhaupt, die Form, in welcher das Gedachte vorhanden ist. Sie ist reine oder angewandte Logik, je nachdem man von allen empirischen Bedingungen, unter welchen das Denken vollbracht wird, absieht oder nicht. In der transscendentalen Logik sondert man die reine Thätigkeit des Verstandes von dem ab, was die sinnliche Anschauung zur Bildung des Erkenntnisses beiträgt, und betrachtet nur die Principien des Verstandes, ohne welche überhaupt kein Gegenstand gedacht werden kann, man betrachtet die im erkennenden

Subjecte liegenden Elemente der reinen Verstandes-Erkenntniss im Einzelnen an und für sich und in ihren Verbindungen.

Die transscendentale Logik zerfällt wiederum in zwei Theile: in transscendentale Analytik und in transscendentale Dialektik.

Worin besteht das Wesen sowohl der **transscendentalen Analytik**, als auch der **transscendentalen Dialektik**?

Die transscendentale Analytik zergliedert die Verstandesvermögen selbst, um die Möglichkeit der ursprünglichen Begriffe zu erforschen, sie verfolgt die Begriffe bis zu ihren ersten Anlagen im menschlichen Verstande. Die Logik überschreitet aber hier nicht die Grenzen einer nur ordnenden und regelnden Thätigkeit, die Grenzen eines Kanons zur Beurtheilung. In dieser regulativen Bethätigung heisst sie d ie **Logik der Wahrheit**. Verwendet man aber die blos formalen Principien des reinen Verstandes zu materialem Gebrauch, um durch Zusammenstellung von Begriffen Vorstellungen von objectiven Verstandeswesen sich zu bilden, oder um irgend ein Merkmal, welches nicht schon im Begriffe ursprünglich enthalten ist, mit diesem Begriffe zu verbinden und dadurch denselben zu erweitern: so verwandelt man die Logik in ein Material schaffendes Organon, und man geräth in die Dialektik. Die Dialektik ist die Logik, die ihre Macht überschätzt und das Gebiet ihrer natürlichen Thätigkeit überschreitet, und sie wird zur **Logik des Scheins**. Die transscendentale Dialektik nun deckt diesen Schein auf, sie enthält die Kritik des Verstandes und der Vernunft in Ansehung dieses falschen Gebrauchs der reinen Verstandes-Erkenntnisse.

Was findet die transscendentale Analytik bei der Untersuchung des Erkenntniss-Vermögens des Menschen als diesem **Eigenthümliches**, in ihm **Ursprüngliches**?

Sie findet Begriffe und Gesetze, welche nicht aus der sinnlichen Wahrnehmung abgeleitet, nicht aus der Erfahrung gewonnen werden, weil dieselben den der Sinneswelt fremden Charakter des **Allgemeinen** und den aus der Sinneswahrnehmung nicht heraustretenden Charakter des **Nothwendigen** an sich haben. Solche reine, nur dem Verstande zugehörigen Begriffe sind die **Stammbegriffe**.

Diese reinen Verstandesbegriffe heissen auch nach dem von *Aristoteles* gewählten Namen **Kategorien** oder nach der scholastischen Bezeichnung **Prädicamente**. Sie werden nach den logischen Functionen des Verstandes in den zwölf Urtheilsformen gebildet und sind die Begriffe:

der **Quantität**: Einheit, Vielheit, Allheit;
der **Qualität**: Realität, Negation, Limitation;
der **Relation**: Substantialität und Accidentialität, Causalität und Dependenz, Gemeinschaft (Wechselwirkung zwischen dem Handelnden und Leidenden);
der **Modalität**: Möglichkeit — Unmöglichkeit, Dasein — Nichtsein, Nothwendigkeit — Zufälligkeit.

Alle Begriffe, welche einer sinnlichen Wahrnehmung entsprechen, treten so in das Bewusstsein ein, dass sie mit diesen Stammbegriffen nothwendig in Verbindung gedacht werden. Jeder sinnliche Begriff, z. B. Stein, Thier, Regen, Luft, Farbe, Stoss, Masse, wird entweder als Einzelheit, oder als Vielheit, oder als Gesammtheit gedacht, er enthält entweder Bejahung oder Verneinung, oder beschränkte Bejahung und Verneinung, er bezeichnet entweder eine Wesenheit oder zufällige Eigenschaft, eine Ursache oder eine Wirkung u. s. w. in Betracht der übrigen Prädicamente. Wegen der Allgemeinheit und Nothwendigkeit, welche in den Stammbegriffen liegen, können dieselben nicht empirischen Ursprunges sein; denn alle Wahrnehmungen werden vereinzelt gemacht, die Verbindung der Wahrnehmungen, wodurch die Erfahrung entsteht, liegt nicht in den Gegenständen der Wahrnehmung, sondern diese Verknüpfung ist eine That des wahrnehmenden Subjectes. Die Erfahrung selbst führt an und für sich noch nicht auf Allgemeinheit und Nothwendigkeit, denn alle Erfahrung ist begrenzt, die Allgemeinheit ist unbegrenzt, und wirklich ausgeführte Verknüpfung der Vorstellungen im Innern zwingt noch nicht zu dem Gedanken einer nothwendigen Verknüpfung der den Vorstellungen entsprechenden Aussendinge. Kein sinnlicher Begriff hat irgendwie den Charakter der Allgemeinheit und Nothwendigkeit an sich haften; nur die reinen Verstandesbegriffe, die Kategorien, kündigen sich selbst uns als allgemeine und nothwendige an; und wenn mit einem Begriff Allgemeinheit und Nothwendigkeit zusammen zu denken ist, so erhalten wir hierin die Weisung, diesen Begriff nicht in den Bereich der sinnlichen Wahrnehmung, sondern in den Bereich des reinen Denkens einzureihen.

Inwiefern sind nun aber die Kategorien die **subjectiven Bedingungen des Denkens überhaupt**, oder die Bedingungen der Möglichkeit aller Erkenntniss der Dinge?

Insofern als sie, verbunden mit den Formen der reinen Anschauung, die Norm bilden, nach welcher die Verschmelzung der Anschauung mit dem Begriff zur Erzeugung des Erkenntnisses vor sich geht.

„Das Erste, was uns zum Behufe der Erkenntnisse aller Gegenstände *a priori* gegeben sein muss, ist das Mannigfaltige der reinen Anschauung. Die Synthesis (die Zusammenstellung und Vereinigung) dieses Mannigfaltigen durch die Einbildungskraft, einer blinden, aber unentbehrlichen Funktion der Seele, ist das Zweite, giebt aber noch keine Erkenntniss. Die Begriffe, welche dieser reinen Synthesis Einheit geben und lediglich in der Vorstellung dieser synthetischen Einheit bestehen, thun das Dritte zur Erkenntniss eines vorkommenden Gegenstandes und beruhen auf dem Verstande." Die Erkenntniss erfordert also Anschauung und einen der Anschauung entsprechenden Begriff. Damit nun überhaupt Erfahrung, in welcher die Gegenstände der Erkenntniss vorkommen, als solche möglich sei, damit der Anfang aller Erkenntniss eintreten könne, müssen schon **ursprüngliche Begriffe** vorhanden sein und diese vor aller Erfahrung vorhandenen Begriffe sind die oben angegebenen Stammbegriffe. Dieselben sind an und für sich ohne materialen Gehalt, sie sind nur Begriffe für die Form, in welcher d s Denken geschieht, sie liefern ohne Sinneswahrnehmung keinen materialen Gehalt, sie haben an und für sich auch keine objective Bedeutung: sie erhalten aber dadurch, dass sie die Gründe der Möglichkeit der Erfahrung überhaupt sind, durch das Zustandekommen der Erfahrung, objective Nothwendigkeit.

Alles Mannigfaltige der Anschauung hat eine nothwendige Beziehung auf das „Ich denke". Diese ursprüngliche aneignende Vereinigung, die Aufnahme einer Vorstellung in das Bewusstsein, die Perception, und die unmittelbare Verbindung desselben mit dem Selbstbewusstsein, die Apperception, ist Handlung des Verstandes selbst, nicht der Sinnlichkeit. Die Einheit der Anschauungen liegt nicht in den Gegenständen selbst, sondern sie ist eine That des erkennenden Subjects. Der Verstand ist das Vermögen der Erkenntnisse, indem er das ursprüngliche Vermögen ist, Verbindungen zu vollziehen, das Mannigfaltige der Vorstellungen unter Einheit des Selbstbewusstseins zur Apperception zu bringen.

Das erste reine Verstandes-Erkenntniss ist der Grundsatz der ursprünglichen synthetischen Einheit der Apperception, d. h. das **Selbstbewusstsein, welches Erkenntnisse erlangt, ist so beschaffen, dass es sich als eines und dasselbe weiss,** während es die Erkenntnisse, welche es erlangt, als die seinigen in sich vereinigt. Es reiht diese Erkenntnisse gleichsam aneinander und durchdringt sie alle stets mit dem Gedanken: Ich bin es, der ich diese Erkenntnisse in mich aufnehme und in meinem Bewusstsein vereinige.

Von dieser Vereinigung der objectiven Erkenntnisse im Bewusstsein ist die subjective Einheit des Selbstbewusstseins verschieden, nämlich die Einheit zwischen dem „Ich", welches sich weiss, und dem „Ich", welches von sich gewusst wird. Diese Vereinigung ist eine Bestimmung des innern Sinnes, wodurch das Mannigfaltige der Anschauung, der Inhalt des objectiven Ich zu einheitlicher Verbindung mit dem subjectiven Ich empirisch gegeben wird. Das „Ich" ist nicht die Gesammtheit der im Bewusstsein vereinigten Erkenntnisse, das denkende Subject ist nicht die Summe seiner eigenen Gedanken, es ist nicht eine logische leere Abstraction, etwa die sich selbst denkende Vereinigung aller concreten Vorstellungen.

Da die reinen Verstandesbegriffe die Bedingungen sind, unter denen allein das Mannigfaltige der sinnlichen Anschauungen in einem Bewusstsein zusammenkommt: so enthalten sie von Seiten des Verstandes die Möglichkeit aller Erkenntnisse aus der Erfahrung. Ihr Gebrauch erstreckt sich aber auf die Erkenntnisse der Dinge nur insofern diese als Gegenstände möglicher Erfahrungen gegeben sind, und es ist keine ursprüngliche Erkenntniss möglich, als lediglich von Gegenständen oder in Bezug auf Gegenstände möglicher Erfahrung.

Die transscendentale Doctrin der Urtheilskraft untersucht den Schematismus und die Grundsätze des reinen Verstandes. Wie ist dies zu verstehen? Der Verstand fasst die Regeln des Denkens in sich, die Urtheilskraft unterscheidet, ob Etwas unter eine gegebene Regel gehöre oder nicht. Die Verstandesregeln lassen sich erlernen, sie lassen sich im Bewusstsein erfassen und dem Gedächtnisse einprägen. Das Urtheilen lässt sich nicht erlernen, es lässt sich nur die Urtheilskraft durch Uebung schärfen; die Beispiele sind hierbei der Gängelwagen für die Urtheilskraft. Der Unterschied zwischen Wissen und Urtheilen stellt sich aber nicht allein durch philosophische Demonstration heraus, sondern er ist auch bei der praktisch geistigen Bethätigung deutlich bemerkbar. Man kann z. B. in der Rechtswissenschaft alle Gesetze des Rechts mit dem Verstande begriffen und im Gedächtniss aufbewahrt haben, man kann vollkommen ein Rechtskundiger sein, und doch sich nicht zum Rechtsprechen, wobei man urtheilen muss, eignen, weil man nicht vermag, den Fall richtig zu subsumiren, den Fall unter dasjenige Gesetz zu stellen, unter welches er gehört. Die Urtheilskraft ist ein besonderes Talent, verschieden vom Verstande. Die Urtheilskraft subsumirt sinnliche Erscheinungen unter Verstandesbegriffe.

Sinnliche Anschauung und Verstandesbegriff sind ihrem Wesen nach gänzlich verschieden; es müssen aber die Verstandesbegriffe auf die Erscheinungen angewendet werden, wenn überhaupt Erkenntnisse entstehen sollen. Dies geschieht nun durch das sogenannte Schema. Das Schema ist die unergründliche Vereinigung von Sinnen-Empfindung und Begriff. Die Verbindung der sinnlichen Anschauung mit dem Begriff des Verstandes ist eine That der Einbildungskraft. Das aus der sinnlichen Anschauung durch die productive Einbildungskraft in unserm Innern erzeugte Bild eines Gegenstandes ist völlig verschieden vom Begriff desselben. Jeder Gattungs-Begriff z. B. umfasst unendlich viele Individual-Vorstellungen, gleichsam Verstandes-Bilder. Das von der Einbildungskraft gemäss einer Sinnen-Empfindung hervorgebrachte sinnliche Bild ist von jenen Verstandes-Bildern zwar dem Gehalte nach (dem Stoffe nach, aus welchem es besteht) verschieden, aber dasjenige, was in ihm dargestellt wird, ist auch in einem der Verstandes-Bilder ausgedrückt. Die Urtheilskraft entscheidet nun, ob für das producirte sinnliche Bild unter den im Begriffe enthaltenen Verstandes-Bildern sich das entsprechende vorfinde, und welches dasselbe sei. Z. B. Ich habe ein Gefühl mit Bewusstsein, eine Empfindung, und erhalte hieraus die Anschauung eines Objectes. Die Einbildungskraft gestaltet den wahrgenommenen Gegenstand zu einem Bilde in mir. Die Urtheilskraft subsumirt dieses Bild unter den Begriff „Baum", weil unter den unendlich vielen Verstandes-Bildern, die in dem Begriff „Baum" enthalten sind, auch dieses Bild sich vorfindet, und so erkenne ich, dass dasjenige, was jenen bestimmten Eindruck auf meine Sinne machte, ein Baum ist. Die Verbindung von unendlich vielen Bildern mit einem und demselben Begriff und mittels desselben mit den Kategorien und mit dem Selbstbewusstsein geschieht nach dem Schema, welches eben „der sinnliche Begriff eines Gegenstandes in Uebereinstimmung mit der Kategorie" ist.

Durch die Verbindung der reinen Form der innern Anschauung mit den reinen Verstandesbegriffen (Stammbegriffen, Kategorien) entstehen die transscendentalen Schemata der Einbildungskraft. Diese Schemata haben keinen Inhalt, sie sind leer, sie stellen nur die reine Verbindung der Anschauungsformen und der Stammbegriffe in der Einheit des Selbstbewusstseins dar. Man verbindet also die innere Anschauungsform „Zeit" mit den Stammbegriffen der Quantität, der Qualität, der Relation und der Modalität. Hieraus entstehen z. B. die Schemata:

Zahl, aus Quantität und Zeit in der successiven Addition von Grössen,

Grad (der Empfindung), aus Qualität und Zeit, giebt erfüllte Zeit,

Beharrlichkeit, aus Substanzialität und Zeit, das Bleibende in der Zeit,

Aufeinanderfolge, aus Causalität und Zeit, geregelte Veränderung in der Zeit,

u. s. w.

Die Schemata der reinen Verstandesbegriffe sind die wahren und einzigen Bedingungen, den Begriffen selbst eine Beziehung auf Objecte, mithin Bedeutung zu verschaffen. Die Kategorien ohne Schemata sind nur Funktionen des Verstandes zu Begriffen, stellen aber keinen Gegenstand vor; diese Bedeutung kommt ihnen von der Sinnlichkeit, die den Verstand verwirklicht, indem sie ihn zugleich beschränkt.

Wir haben nun neben den Anschauungsformen Raum und Zeit, auch Stammbegriffe und Verbindungen von Stammbegriffen mit Anschauungsformen oder transscendentale Schemata als gleichsam Bestandtheile unsers innern Wesens erkannt, die durch ihren Charakter der Allgemeinheit und Nothwendigkeit sich als nicht aus der Erfahrung entstanden, sondern als unserm innern Vermögen ursprünglich eigenthümlich ankündigen. —

Wir setzen die Zergliederung der gesammten innern Thätigkeit des Menschen fort und gelangen nach der Betrachtung der reinen Anschauung, der Stammbegriffe und der Schemata nun zum Urtheil *a priori*.

Wie kommen Urtheile ohne vorhergehende Erfahrung, also Urtheile *a priori*, zu Stande?

Dadurch, dass reine Verstandesbegriffe mit ursprünglichen Grundsätzen in nothwendige Verbindung gebracht werden.

Grundsätze *a priori* enthalten die Gründe anderer Urtheile und sind selbst nicht in höheren und allgemeineren Erkenntnissen gegründet.

Der oberste Grundsatz aller analytischen Urtheile ist der Satz des Widerspruchs: „Keinem Ding kommt ein Prädicat zu, welches ihm widerspricht". Dieser ursprüngliche Satz ist aber nur negatives Kennzeichen der Wahrheit, weiter geht seine Brauchbarkeit nicht. Er erweitert unsere Erkenntniss in keiner Weise, und ist auch kein positiver Bestimmungsgrund der Wahrheit selbst; denn es folgt aus diesem Satze noch nicht, dass jedem Dinge auch jedes Prädicat zukomme, was ihm nicht widerspricht. Denn das Prädicat kann mit dem Dinge ausser allem Zusammenhange stehen, wie z. B. das Ding „Stein" und das Prädicat „unsterblich". Der Stein ist nicht sterblich, aber deshalb noch nicht unsterblich, der Stein ist nicht unsterblich, aber deshalb noch nicht sterblich. Es entspricht dies der Kategorie der Limitation, bei welcher auch weder völlige Position, noch völlige Negation, sondern nur Beschränkung statt hat.

Der oberste Grundsatz aller synthetischen Urtheile ist: „Jeder Gegenstand steht unter den nothwendigen Bedingungen der synthetischen Einheit des Mannigfaltigen der Anschauung in einer möglichen Erfahrung". Wenn also ein Gegenstand als Glied in die Kette der inneren Erfahrungen eingereiht werden soll, so muss er mit den bereits in unserm Bewusstsein vorhandenen Begriffen und Urtheilen vereinbar sein, er muss sich an diese anknüpfen lassen, und es muss diese Verbindung als nothwendig gedacht werden. Woher auch die Gegenstände für das Bewusstsein kommen, und welcher Art sie auch sein mögen: die Einheit muss sich im Bewusstsein kundgeben, diese Einheit ist die formale Grundbedingung der Wahrheit.

Alle Begriffe erhalten nur dadurch objective Gültigkeit, dass man sie auf Gegenstände der Erfahrung bezieht oder beziehen kann. Erfahrung gründet sich in der Vereinigung der Vorstellungen unter einander im innern Sinn mittels der Einbildungskraft und in der nothwendigen Verknüpfung derselben mit dem Selbstbewusstsein. An diese allgemeinen Bedingungen ist man auch gebunden, wenn man synthetische Urtheile *a priori* fällen will. Urtheile nun, welche nicht auf Erfahrung beruhen, also Urtheile *a priori*, und in welchen ein Prädicat zu einem Subject hinzugefügt wird, welches nicht schon im Subjecte liegt, also synthetische Urtheile *a priori*, erhalten nur dadurch objective Gültigkeit, dass man sie mit einem bereits anerkannten und auf Erfahrung gestützten Urtheil in nothwendige Gedankenverbindung bringt. Man verbindet nun die Bedingungen, unter welchen es möglich ist, Erfahrungen überhaupt zu Stande zu bringen, mit den Bedingungen, unter welchen die Erfahrung bestimmter sinnlicher Gegenstände möglich ist, und vereinigt dadurch die innere Handlung des Erfahrens im Allgemeinen mit dem Erfahren bestimmter, von Aussen gegebener Gegenstände. Hierbei erkennt man nun, dass die Vereinbarung der Vorstellungen und die Einigung derselben mit dem Selbstbewusstsein die gleichen Bedingungen für beide Arten des Urtheilens sind, und dadurch erhalten diese Bedingungen auch objective Gültigkeit für die synthetischen Urtheile *a priori.*

Es ist nun nachgewiesen, dass und wie synthetische Urtheile *a priori* möglich sind, und es handelt sich nun darum, solche synthetische Urtheile *a priori* aufzusuchen. Diese Aufsuchung geschieht nach den Grundsätzen des reinen Verstandes, welche sich aus der Tafel der Kategorien ableiten lassen. Diese Grundsätze sind hiernach: Axiome der Anschauung, Anticipationen der Wahrnehmung, Analogien der Erfahrung und Postulate des empirischen Denkens.

Axiome sind synthetische Urtheile, welche eines Beweises weder fähig noch bedürftig sind. Die Axiome der Anschauung stehen unter dem Princip: „Alle Anschauungen sind extensive Grössen, in welchen die Vorstellung der Theile die Vorstellung des Ganzen möglich macht, und jene Vorstellung vor dieser vorangeht." Solche Axiome sind z. B.: Zwei gerade Linien bilden keine (geschlossene) Figur, oder: zwischen zwei Punkten ist nur eine gerade Linie möglich. Die Axiome entsprechen der Kategorie der Quantität.

Anticipationen sind Urtheile, welche im voraus schon bestimmt sind, ehe man überhaupt wahrgenommen hat. Das Princip der Anticipationen der Wahrnehmung ist: „In allen Erscheinungen hat das Reale, was ein Gegenstand der Empfindung ist, intensive Grösse, d. i. einen Grad." Jede Empfindung an und für sich ist ursprünglich momentan, sie ist nicht aus Theilen zusammengesetzt, sondern einfach, daher nicht extensiv. Die unendlich schnelle Vereinigung oder Aneinanderreihung der Momente giebt der Empfindung nur den Schein der Ausdehnung und zwar der Continuität in der Zeit. Die Empfindung ist aber wohl eines grössern oder geringern Grades des Eindruckes fähig, ist also intensiv: folglich hat auch das Reale, die Ursache der Empfindungen, einen Grad und ist intensive Grösse. Die Anticipationen entsprechen der Kategorie der Qualität.

Analogie ist eine Regel, nach welcher, durch Gleichheit qualitativer Verhältnisse, aus Wahrnehmungen Einheit der Erfahrung entspringen soll. Die Analogien der Erfahrung stehen unter dem Princip: „Erfahrung ist nur durch die Vorstellung einer nothwendigen Verknüpfung der Wahrnehmungen möglich". Die Analogien der Erfahrung enthalten die Gedanken von der Beharrlichkeit der Substanz, Veränderung nach Causalität, und durchgängigen Wechselwirkung alles dessen, was in Raum und Zeit zugleich wahrgenommen wird. Die Analogien entsprechen der Kategorie der Relation.

Die Analogien können nicht aus Begriffen bewiesen werden, sie erhalten aber dadurch objective Gültigkeit, dass sie die Einheit des Naturganzen ausdrücken. Durch diese Einheit der Natur wird nämlich erst Einheit der Erfahrung möglich, denn in dem Zusammenhang der Erscheinungen gründet sich die Vereinigung der Vorstellungen im Bewusstsein.

Postulate sind Forderungen, welche als solche nur namhaft gemacht werden, deren Nothwendigkeit aber nicht aus Begriffen bewiesen werden kann.

Die Postulate des empirischen Denkens sind:
    1) Was mit den formalen Bedingungen der Erfahrung (der Anschauung und dem Begriffe nach) übereinkommt, ist möglich.

2) Was mit den materialen Bedingungen der Erfahrung (der Empfindung) zusammenhängt, ist wirklich.

3) Dasjenige, dessen Zusammenhang mit dem Wirklichen nach allgemeinen Bedingungen der Erfahrung bestimmt ist, existirt nothwendig.

„Diese Postulate oder Grundsätze der Modalität sind nichts weiter, als Erklärungen der Begriffe Möglichkeit, Wirklichkeit, Nothwendigkeit in ihrem empirischen Gebrauche" und sie beschränken die Kategorien auf die Erfahrung, als in welcher allein Gegenstände der Erkenntniss gegeben werden.

Alle diese Grundsätze des reinen Verstandes, die als Axiome, Anticipationen, Analogien und Postulate bezeichnet werden, entspringen nicht aus der Erfahrung, sondern durch dieselben wird uns erst Erfahrung möglich; aber sie beziehen sich sämmtlich auf Erfahrung und erhalten nur durch diese Beziehung objective Gültigkeit.

Durch diese Begriffe und Grundsätze, welche nicht aus der Erfahrung fliessen, sondern einen andern Quell voraussetzen lassen, aus welchem sie entspringen, dürfte man sich wohl veranlasst sehen, zwei Welten anzunehmen: die Welt der Sinneswesen und die Welt der Verstandeswesen, und es scheinen die Sinnen-Dinge der äussern Welt, die Phänomena, und die Gedanken-Dinge der innern Welt, die Noumena, wesentlich von einander sich zu unterscheiden. Man ist aber nicht berechtigt, anzunehmen, dass diese Verstandeswesen ausser dem Bereich des empirischen Denkens, ausser ihrer Verbindung mit der sinnlichen Wahrnehmung, wirkliche, für sich bestehende Existenz haben, man ist nicht berechtigt, wirkliche Objecte einer nichtsinnlichen oder übersinnlichen Anschauung in diesen Begriffen und Grundsätzen sich vorzustellen. Denn wollte man dieselben für selbstständig existirende Verstandeswesen erklären, so würde man blos formale Regeln der Anschauung nnd des Denkens zu materialem Gebrauche verwenden. Man darf diese Verstandesbegriffe nur als Grenzbegriffe auffassen, welche anzeigen: hier endet die Welt der sinnlichen Anschauung, aber man darf nicht über diese Grenzen hinaus in eine nicht erschauete Fortsetzung Begriffe als wirklich existirende Verstandeswesen, welche den Sinneswesen direct entgegengesetzt seien, einstellen. Die Verstandesbegriffe haben nur objective Gültigkeit an der Grenze der Sinneswelt und durch ihre Beziehung auf diese. Als diese Grenzbegriffe sind dieselben aber nicht blos möglich, sondern nothwendig, sie erscheinen aber nur als negative Bestimmungen, als negative Erweiterungen des Verstandes. Zu materialer Erkenntniss können sie nicht erhoben werden, sie führen sich nur bei uns ein unter dem Namen eines uns unbekannten Etwas. Wir erhalten durch den Verstand als Beschränkung der Sinneswelt einen dieselbe umschliessenden, für die menschliche Erkenntniss leeren Raum.

Jeder Begriff, welcher in uns entsteht, ist nun in Betreff seiner Heimathsangehörigkeit zu untersuchen; es ist zuerst zu bestimmen, ob er zu den sinnlichen Begriffen oder zu den reinen Verstandesbegriffen gehöre. Man unterscheidet Erkenntniss aus unmittelbarer Anschauung, Intuition. von Erkenntniss aus allmäliger Fortschreitung in der Zusammenstellung der Begriffe zu ihrer Vereinigung im Bewusstsein, d. i. discursiver Reflexion. Bei dem discursiven Erkennen, bei der Reflexion, werden nun die der Betrachtung unterworfenen Objecte namentlich mit den Begriffen: „Einerleiheit und Verschiedenheit, Einstimmung und Widerstreit, Inneres und Aeusseres, Materie und Form" in Verbindung gebracht, um zu untersuchen, welcher von den jedesmal entgegengesetzten Begriffen auf das betreffende Object sich anwenden lasse. Dadurch haben diese Begriffe in engerer Bedeutung den Namen „Reflexionsbegriffe" erhalten. Die logische Reflexion vergleicht nun Begriff mit Begriff; die transscendentale Reflexion hingegen führt jede Vorstellung zu den Erkenntnissquellen zurück, um zu ermitteln, ob eine Vorstellung dem reinen Verstande oder der sinnlichen Anschauung zugehöre. Die Reflexionsbegrffe können in dem einen wie in dem andern Falle in Anwendung kommen. und dieser zweideutige Gebrauch, diese Amphibolie derselben, ermöglicht die falsche Einordnung einer Vorstellung, sei es, dass man dem Verstande zuschreibe, was den Sinnen zugehört, oder dass man den Sinnen zutheile, was dem Verstande zukommt. Hierin ist die Möglichkeit für Irrthum, Täuschung, Erschleichung gegeben. Durch die Verwechselung des Erkenntniss-Ortes, durch die Vernachlässigung der transscendentalen Topik, gerathen Vorstellungen leicht aus dem Gebiete der logischen Wahrheiten in das Gebiet metaphysischer Hypothesen.

Durch die transscendentale Analytik, durch die Zergliederung der Thätigkeit der theoretischen Vernunft, ist nun entdeckt worden, dass Sinnlichkeit und Verstand nicht Alles auszufüllen vermögen, was sich uns als Gebiet unserer innern Thätigkeit eröffnet. Der Verstand deutet auf einen Raum, welcher zwar für den Verstand leer. aber doch vorhanden ist; und wenn sich auch der Verstand dagegen sträubt, selbst selbstständige Wesen in diesen Raum einzusetzen, so wird doch hierin die Möglichkeit anerkannt, dass Etwas existire, was nicht von der Sinnlichkeit und vom Verstande erfasst werde. Hierdurch ist für die allgemeine Philosophie in ihrer allmäligen Fortschreitung sehr viel gewonnen, und es ist dieser Gewinn ein wesentliches Moment der transscendentalen Analytik, des kritischen Idealismus.

Nach dieser ausführlichen Darstellung der transscendentalen Logik wird es uns. möglich sein. die übrigen Glieder des kritischen Systems durch kürzere Erörterungen zum Verständniss zu bringen.

Die transscendentale Dialektik soll dem Gewebe der „Logik des Scheins" im Innern der Verstandesthätigkeit nachspüren. um die Entstehung der Täuschungen darzulegen.

Der Verstand ist das Vermögen der Regeln, die Vernunft ist das Vermögen der Principien. Der Verstand schafft Einheit der Erscheinungen in der Erfahrung; die Vernunft schafft Einheit der Erkenntnisse des Verstandes.

Die Verstandesbegriffe beziehen sich nur auf mögliche Erfahrungen aus Sinnesempfindungen; die Vernunftbegriffe, die Ideen, haben keinen congruirenden Gegenstand in der Sinneswelt, ihr Gebrauch ist daher transscendent. Diese Ideen der Vernunft sind nun entweder rein speculative oder praktische. Beziehen sich die ersteren auf die Thätigkeit der Vernunft selbst, so sind sie transscendental.

Diese transscendentalen speculativen Ideen der Vernunft werden nun missbräuchlich auf die Erscheinungswelt direct angewendet, statt dass sie nur zur Einigung der Verstandes-Erkenntnisse dienen sollten; sie werden wie Verstandes-Begriffe gebraucht, und zwar 1) in Betracht des denkenden Subjects selbst, 2) in Betracht des Inbegriffs aller Erscheinungen, und 3) in Betracht der obersten Bedingung der Möglichkeit von Allem, was gedacht werden kann, also in Betracht der Psychologie, der Kosmologie und der Theologie. Hierdurch entstehen dreierlei Arten dialektischer Vernunftschlüsse, welche als Trugschluss oder Paralogismus, Antinomien oder Widersprüche und Erschleichung oder Subreption bezeichnet werden können.

Der Paralogismus oder Trugschluss bezieht sich auf die rationale Psychologie. Die Grundlage der rationalen Psychologie ist der Satz „Ich denke". Aus der logischen Erörterung des Begriffs „denken" werden metaphysische Sätze abgeleitet; es werden in synthetischer Weise mit dem Subjects-Begriff „denken" die Prädicats-Begriffe: „Einfachheit, Immaterialität, Unsterblichkeit und Persönlichkeit" verbunden, obgleich synthetische Urtheile nur in der sinnlichen Erfahrungswelt zulässig sind. Es werden diese Begriffe in der That nicht analytisch aus dem Begriffe des Selbstbewusstseins genommen. So ist denn nun auch fälschlich die transscendentale Seelenlehre aufgestellt worden als eine Vernunftwissenschaft von der Natur unseres denkenden Wesens.

Die Antinomien oder Widersprüche beziehen sich auf die Kosmologie. Diese Antinomien sind:
1) Die Welt hat Grenzen in Zeit und Raum; die Welt hat keine Grenzen in Zeit und Raum.
2) Die Welt ist aus einfachen Theilen zusammengesetzt; die Welt besteht nicht aus einfachen Theilen.
3) In der Welt existirt neben der Causalität auch Freiheit; in der Welt herrscht nur die Nothwendigkeit der Naturgesetze.
4) Die Welt hat ein schlechthin nothwendiges Wesen als ihre Ursache; die Welt hat kein schlechthin nothwendiges Wesen, weder in noch ausser sich, als ihre Ursache.

Es drängt sich hierin stets der Satz und Gegensatz uns auf und jeder fordert unsere Zustimmung.

Die Antinomien entstehen aus unzulässigen Forderungen, die man an Vernunft und Verstand stellt. Die Vernunft soll ihre unendlichen Ideen in die Formen des Verstandes einzwängen, und der Verstand, der durch die Beschränkung der Sinnlichkeit erst wirklich wird und in der Reihe des Bedingten sein Lebens-Element hat, soll die Schranken niederreissen, um im Unendlichen sich zu verlieren und im Anerkennen des Unbedingten seine eigene Natur zu verläugnen.

Diese unvermeidlichen Antinomien werden dadurch unschädlich, dass man ihre Natur erkennt. Die Verstandesbegriffe sind begrenzt, die Vernunftideen sind ohne Schranken. Fasst man nun die Objecte der Antinomien als Verstandesbegriffe, so sind sie für die Vernunft zu klein, fasst man sie als Ideen, so sind sie für den Verstand zu gross. Es erscheinen Verstand und Vernunft mit ihren Ansprüchen vor dem Gerichtshof der Urtheilskraft. Jede der beiden Parteien ist nach dem Gesetzbuch ihres Landes im Rechte und verlangt den Urtheilsspruch nach ihrem Gesetzbuch. Der Gerichtshof ist unentschieden; es erscheint ihm das Gesetzbuch der Vernunft für den Verstand nicht verständlich, und das Gesetzbuch des Verstandes für die Vernunft nicht vernünftig. Da ihm nun das allgemeine Gesetzbuch der Welten, welches die Principien aller Gesetze enthält, nicht zu seinem Gebrauche verliehen worden, und da die Ansprache zu einem gütlichen Vergleich ohne Erfolg ist, so bleibt ihm nichts übrig, als statt eines Rechtsspruchs einen Gewaltspruch zu thun: er giebt den streitenden Parteien die Weisung, sich aus dem Gerichtslocal zu entfernen, eine Entscheidung darüber, wer von ihnen im Rechte sei, nicht fernerhin zu beanspruchen, und, ohne sich gegenseitig zu belästigen, in Ruhe nebeneinander zu verharren.

Die dritte Art der dialektischen Vernunftschlüsse bezieht sich auf das Ideal der reinen Vernunft, und hierbei findet eine logische Erschleichung, eine Subreption, statt.

Das Ideal der reinen Vernunft ist unendlich über Alles erhaben und Alles ist durch dasselbe bedingt. Das Unendliche und Alles Bedingende ist aber kein Begriff, sondern eine Idee, daher ausser directer Verbindung mit der Erscheinungswelt und unerweislich in Betreff der wirklichen objectiven Existenz.

Dieses Ideal, zunächst blos subjective Vorstellung, wird realisirt, d. h. zum Object gemacht, dann hypostasirt, d. h. mit Substanz versehen, und endlich personificirt, d. h. in ein Wesen verwandelt, welches Intelligenz und Willen besitzt. Nun will man das objective Dasein, die wirkliche Existenz des Wesens aller Wesen ausserhalb der Sphäre des blosen Denkens darthun und zwar durch Denkakte selbst. Man will das reale Dasein Gottes aus dem Begriffe der Vollkommenheit, oder aus dem Begriffe der Causalität, oder aus dem Begriffe der Zweckmässigkeit ableiten. Der

Vollkommenheits-Begriff ist ein Formal-Begriff und enthält nicht den Gedanken des realen Daseins als nothwendiges Merkmal in sich. Der Causalitäts-Begriff führt zunächst auf den Begriff des Unbedingten und Alles Bedingenden und durch diesen wiederum auf den das Merkmal des realen Daseins nicht in sich fassenden Vollkommenheits-Begriff. Der Zweckmässigkeits-Begriff deutet nur auf einen Welt-Ordner hin, nicht auf einen Welt-Schöpfer.

Die ordnenden oder regulativen Principien der speculativen Vernunft, welche als solche keinen materialen Gehalt haben, werden durch logische Erschleichung in constitutive verwandelt, d. h. in solche, welche dazu dienen sollen, eine wirklich objectiv existirende, von der Welt der Sinne isolirte Verstandeswelt aus sich zusammensetzen zu lassen.

Das höchste Wesen ist also für den Verstand ein unerfasslicher Begriff und für den rein speculativen Gebrauch der Vernunft ein Ideal, welches die ganze menschliche Erkenntniss schliesst und krönt, dessen objective Realität aber auf diesem Wege nicht bewiesen, jedoch auch nicht widerlegt werden kann.

Die Kritik der reinen Vernunft erstreckt sich auch auf die Methodenlehre, auf die Bestimmung der formalen Bedingungen eines vollständigen Systems der Vernunft.

Die Methodenlehre behandelt die Disciplin, den Kanon, die Architektonik und die Geschichte der reinen Vernunft.

Die Disciplin ist eine Art von Gesetzgebung zur Vorsicht und steten Achtsamkeit, um Täuschung und Blendwerk zu erkennen und zu vermeiden, und zwar in Ansehung der Bildung und des Gebrauchs der Begriffe, Axiome, Hypothesen und Beweisführungen.

Der Kanon enthält die ursprünglichen Grundsätze des richtigen Gebrauchs der Erkenntnissvermögen. Der Kanon des Verstandes ist die bereits dargestellte transscendentale Analytik. Bei der Vernunft bezieht sich der Kanon blos auf den praktischen Gebrauch derselben, da synthetische Erkenntniss der reinen Vernunft in ihrem speculativen Gebrauche unmöglich ist. Der letzte Zweck des reinen Gebrauchs der Vernunft betrifft die zwei Fragen: „Ist ein Gott?" und „Ist ein zukünftiges Leben?"

Die Architektonik ist die Kunst der Systeme-Bildung. System ist die Einheit der mannigfaltigen Erkenntnisse unter einer Idee. So erhält das System der Philosophie seine Einheit in der Beziehung aller Erkenntnisse auf den wesentlichen Zweck der Vernunft. Die Philosophie geht auf das, was ist und was sein soll; sie ist Kritik und System der Vernunft und ihrem Wesen nach Metaphysik.

Die Geschichte der reinen Vernunft ist im Grunde die Geschichte der Metaphysik. Namhafte Veränderungen entstanden in dem Gebiete der metaphysischen Anschauungen durch den Kampf zwischen der Philosophie unter Anerkennung der Oberherrschaft der Sinnlichkeit, Sensual-Philosophie, und der Philosophie unter Anerkennung der Oberherrschaft des Verstandes.

Intellectual-Philosophie, ferner durch den Kampf zwischen den Annahmen der Quellen aller Erkenntniss entweder in der sinnlichen Wahrnehmung, Empirismus, oder in einer selbstständigen Ideenwelt, Noologismus, endlich durch den Kampf zwischen einem absichtlich unsystematischen naturalistischen und dem systematisch scientifischen Verfahren, welches letztere sich wiederum in ein dogmatisches, skeptisches und kritisches Philosophiren theilte.

Nachdem *Kant* in der Kritik der reinen theoretischen Vernunft gefunden, dass der Mensch einen ursprünglich eigenthümlichen geistigen Besitz habe, nämlich die Formen der Anschauung, die Stammbegriffe des Verstandes und die theoretisch regulativen Principien der Vernunft; nachdem derselbe diesen Begriffen und Principien insoweit objective Gültigkeit zuerkannt, inwieweit dieselben auf Gegenstände sinnlicher Wahrnehmung Bezug haben, darüber hinaus aber ein Wissen aus demonstrativer Erkenntniss nicht statuirt; nachdem er das Gebiet der Verstandes-Erkenntniss begrenzt und ausserhalb dieser Grenzen einen für den Verstand leeren Raum als die Möglichkeit einer andern Welt gesetzt hat: unterwirft er die praktische Vernunft, die zum moralischen Handeln anregende und antreibende Vernunft, der Kritik, und findet, dass diese es vermag, ihn in jene andere Welt, in die Welt des lebendigen Geistes, einzuführen, und auf die Vernunft-Gestalten hinzudeuten, welche diese Welt beleben und mit ihrer Macht herüberwirken in die Körperwelt. —

Die „Kritik der praktischen Vernunft" veröffentlichte *Kant* 1788, aber schon 1785 erschien, darauf vorbereitend, „Grundlegung zur Metaphysik der Sitten".

„Der gute Wille" nur ist ohne alle Einschränkung von wirklichem Werth. Der gute Wille handelt nach Pflicht, aus Achtung gegen das Gesetz. Das Gesetz, welches Jeder in sich trägt, sagt: man solle stets so verfahren, dass man auch wollen könne, seine Maxime des Handelns solle ein allgemeines Gesetz werden. „Es wäre leicht zu zeigen", sagt nun *Kant*, „wie die gemeine Menschenvernunft, mit diesem Compasse in der Hand, in allen vorkommenden Fällen sehr gut Bescheid wisse, zu unterscheiden, was gut, was bös, pflichtmässig oder pflichtwidrig sei, wenn man, ohne sie im Mindesten etwas Neues zu lehren, sie nur, wie *Sokrates* that, auf ihr eigenes Princip aufmerksam macht, und dass es also keiner Wissenschaft und keiner Philosophie bedürfe, um zu wissen, was man zu thun habe, um ehrlich und gut, ja sogar weise und tugendhaft zu sein."

Die Richtung des Willens wird bestimmt: nach Rathschlägen der Klugheit zur Wohlfahrt, nach Regeln der Geschicklichkeit zur Kunst und nach Geboten der Sittlichkeit zur Moralität. Der Wille muss durch sich selbst bestimmt sein, er darf nicht durch Reiz oder Zwang in Bewegung gesetzt und in Richtung gebracht werden. Die Sich-selbst-Gesetzgebung des Willens, die Autonomie desselben, ist die Grundlage der Moralität, die fremde Gesetzgebung des Willens, die Heteronomie desselben. hebt die

Moralität auf. Die Heteronomie zeigt sich darin, dass ich Etwas thun soll, weil ich etwas Anderes will. Die heteronomischen Principien sind nun entweder empirisch oder rational, je nachdem sie die Glückseligkeit oder die Vollkommenheit als letztes Ziel haben.

Jedes vernünftige Wesen, das einen Willen hat, muss auch die Idee der Freiheit erhalten, d. h. die Idee der Causalität in Ansehung der Objecte des Willens und der Unabhängigkeit von einem fremden Willen. Die Idee der Freiheit ist eine Voraussetzung für den kategorischen Imperativ, welcher befiehlt: „Du sollst um des Gesetzes willen, das Gesetz, welches Ausdruck deines Willens ist, befolgen wollen". Die Idee der Freiheit ist ebensowenig wie der Gedanke der Naturnothwendigkeit (Causalität) ein Erfahrungsbegriff; jene ist eine Idee der praktischen Vernunft, dieser ein ursprünglicher Begriff des reinen Verstandes.

Es ist nun ein wesentliches Princip alles Gebrauchs der Vernunft, ihr Erkenntniss zum Bewusstsein der Nothwendigkeit zu treiben. Das Vorhandensein des kategorischen Imperativs lässt sich nun in seiner absoluten Nothwendigkeit nicht begreiflich machen, und zwar aus dem Grunde, weil er seinem Wesen nach auf eine Bedingung nicht zurückgeführt werden darf, indem dieses unbedingt praktische Gesetz dann, wenn es auf eine Bedingung zurückgeführt wäre, nicht das oberste Princip der Moralität sein würde. Es genügt daher, dass wir diese Unbegreiflichkeit begreifen.

Während in der Kritik der reinen theoretischen Vernunft die Erforschung des Erkenntnissvermögens von der Anschauung der Sinne zum Begriff des Verstandes und vom Verstandes-Begriff zum Princip der Vernunft fortschritt: geht in der Kritik der praktischen Vernunft die Untersuchung vom Grundsatz zum Begriff und vom Begriff zur Anschauung der Sinnenthätigkeit.

Praktische Grundsätze sind entweder subjective Maximen des Einzelnen oder allgemeine objective Gesetze. Das allgemeine Moralgesetz muss in jedem Menschen zur Maxime werden. Damit es nun allgemein sein könne, darf es nicht von empirischen Bedingungen abhängig sein, und es kann daher nur ein formales praktisches Princip enthalten. Aus diesem Grunde bezeichnet der kategorische Imperativ oder das praktische Gesetz, welches Handlungen zur Pflicht macht, in seiner Forderung kein zu erstrebendes Objekt, indem er sagt: „Handle so, dass die Maxime deines Willens jederzeit zugleich als Princip einer allgemeinen Gesetzgebung gelten könne."

Das Bewusstsein dieses Grundgesetzes ist ein Faktum der Vernunft; es drängt sich an und für sich selbst als ursprünglicher synthetischer Satz uns auf, es ist kein aus der Erfahrung abgeleitetes Faktum der Vernunft, es ist aber auch das einzige Faktum der reinen Vernunft, und durch dasselbe kündigt sich uns diese als ursprünglich oder *a priori* gesetzgebend an. Das moralische Gesetz ist das Grundgesetz einer übersinnlichen Natur unter Autonomie der reinen praktischen Vernunft, in welcher der Wille Ursache von Objecten ist. Da die moralischen Gesetze, als praktische

Postulate, sich mit Nothwendigkeit uns aufdrängen: so ist auch in dieser übersinnlichen Natur, in welche die theoretische, nur auf sinnliche Begriffe und auf Objecte der sinnlichen Wahrnehmung sich erstreckende oder auf dieselben mittelbar sich stützende, Verstandes-Erkenntniss nicht reicht, die Freiheit nothwendig vorhanden. Wie das Bewusstsein der Freiheit „möglich sei, lässt sich nicht weiter erklären, nur die Zulässigkeit derselben (der Freiheit) in der theoretischen Kritik gar wohl vertheidigen."

Aus den Grundsätzen der praktischen Vernunft sind die Begriffe „Gut und Böse" abzuleiten. Diese dürfen nicht vor dem moralischen Gesetz, sondern sie müssen nach demselben und durch dasselbe bestimmt werden.

In allen Vorschriften der reinen praktischen Vernunft ist es nur um die Willensbestimmung zu thun; das praktische Vermögen der Ausführung der Absicht kommt dabei nicht in Betracht. Die praktischen Begriffe der Moral bringen die Wirklichkeit dessen, worauf sie sich beziehen, d. i. die Gesinnung bei dem Wollen, selbst hervor, und werden dadurch Erkenntnisse und erhalten Bedeutung.

Der Mensch nun, welcher gemäss den Moralgesetzen handelt, kann dies thun aus Interesse am Gegenstand, oder aus Interesse an der Handlung, als einer nach dem Princip der Vernunft geschehenden, selbst. Die Triebfeder ist in beiden Fällen ganz verschieden, wenn auch die objective Handlung eine und dieselbe ist. Im ersten Falle ist aber die Handlung nur pflichtmässig, nur gesetzlich, nur legal; im zweiten Falle ist sie eine Handlung aus Pflicht, d. i. um des Gesetzes willen und dadurch tugendhaft, moralisch. „Hiermit stimmt das Gesetz: Liebe Gott über Alles und deinen Nächsten als dich selbst, ganz wohl zusammen. Indem wir Gott als den Schöpfer des Moralgesetzes, als das Oberhaupt im Reiche der Sitten betrachten, erhalten wir auch in diesem Gesetz ein mit dem kategorischen Imperativ übereinstimmendes Gesetz. Es ist der Gegensatz eines Glückseligkeitsprincips, welches heissen müsste: Liebe dich selbst über Alles, Gott aber und deinen Nächsten um dein selbst willen."

Diese Autonomie oder Selbstbestimmung des Willens, verbunden mit der moralischen Freiheit und Unabhängigkeit von dem Mechanismus der ganzen Natur, lässt den Menschen als Glied einer übersinnlichen, einer intelligiblen Welt erkennen und begründet seine Persönlichkeit. Die Idee der Persönlichkeit erweckt dem Menschen Achtung vor sich selbst, insoweit er als das Grundwesen der Persönlichkeit, das rein moralische Gesetz in sich durch moralisches Wollen lebendig erhält und darin seine höhere Bestimmung ahnt.

Das Moral-Gesetz macht in praktischer Rücksicht die Postulate: „Unsterblichkeit, Freiheit und Dasein Gottes" nothwendig, und zwar zur Vollständigkeit der Erfüllung des Gesetzes, zur Willensbestimmung nach dem Gesetze einer intelligiblen Welt überhaupt, und zur Möglichkeit der Existenz des höchsten Gutes.

Nicht zufrieden mit den praktisch bedingten Grundsätzen und Begriffen sucht auch hier die reine Vernunft die absolute Totalität der Bedingungen und hierin das Unbedingte zu enthüllen, und geräth dadurch unvermeidlich wiederum in die Dialektik des Scheins. Sie setzt das „höchste Gut" wenn auch nicht als Bestimmungsgrund, so doch als Gegenstand des Willens und findet dasselbe in der Vereinigung der Tugend und Glückseligkeit. Ist nun die Glückseligkeit das Bewusstsein des Besitzes der Tugend? Oder ist die Tugend der vernünftige Gebrauch der Mittel zur Erlangung der Glückseligkeit? Weder die eine, noch die andere dieser beiden Annahmen ist zulässig; es findet weder eine nothwendige Verbindung, noch ein nothwendiges Abhängigkeitsverhältniss zwischen Tugend und Glückseligkeit in Wirklichkeit statt; weder analytisch noch synthetisch sind Tugend und Glückseligkeit, für uns, die wir und so lange als wir in der Sinnenwelt leben, in vollständiger und stetiger Vereinigung vorhanden. Da nun das Streben nach dem höchsten Gute gleichwohl sich uns unabweislich aufdringt und dasselbe auf Erden nicht zu realisiren ist: so sehen wir uns genöthigt, anzunehmen, dass zur allmäligen Erreichung des Zieles, oder zur unendlichen Annäherung an dasselbe eine persönliche Fortdauer des Menschen nach dem Tode stattfinde, und dass Gott als Urheber der Welten und ihrer Gesetze existire, welcher die völlige Uebereinstimmung von Sittlichkeit und Glückseligkeit verwirkliche.

Insoweit nun nur angegeben wird, dass diese Postulate vorhanden seien, bleiben die Bestimmungen auf dem festen Grunde der praktischen Vernunft; wenn aber die Speculation ermitteln will, wie die Gegenstände derselben vorhanden seien, oder sein können, so verirrt sie sich in die Dialektik des Scheins.

Die Ideen: Unsterblichkeit, Freiheit und Gott sind für die speculative Vernunft transscendent, d. h. sie überschreiten die Möglichkeit der Erkenntniss; für die praktische Vernunft aber und in praktischer Absicht sind sie immanent, d. h. sie liegen innerhalb des Bereichs der für das moralische Gesetz nothwendig vorauszusetzenden Ideen.

Die Methodenlehre der reinen praktischen Vernunft handelt von der Art, wie man den Gesetzen der praktischen Vernunft Eingang in das menschliche Gemüth und Einfluss auf die Maximen verschaffen könne. Durch Beurtheilung von Handlungen nach moralischen Gesetzen muss die Urtheilskraft geübt werden, und zwar zuerst in Betreff der Uebereinstimmung mit dem Gesetz, und dann in Betracht der Triebfeder, der Achtung vor dem Gesetz selbst, woraus Achtung gegen uns selbst im Bewusstsein der moralischen Freiheit hervorgeht, in welcher allein die sittliche Gesinnung gedeiht.

Wie zwischen Erkenntnissvermögen und Begehrungsvermögen das Gefühl der Lust und Unlust, so liegt zwischen Verstand und Vernunft die Urtheilskraft. Es entstehen nun die Fragen, ob auch die Urtheilskraft ursprüngliche Principien habe? und wenn deren vorhanden sind, ob dieselben regulativ oder constitutiv seien, d. h. ob sie nur zum Ordnen vorhandener Begriffe dienen, oder ob sie Begriffe selbst enthalten, welche durch ihre Zusammenstellung die Erkenntniss erweitern? Mit der Lösung dieser Fragen beschäftigt sich die Kritik der Urtheilskraft.

Die „**Kritik der Urtheilskraft**" veröffentlichte *Kant* im Jahre 1790. Die Urtheilskraft stellt das Besondere unter das Allgemeine, welches letztere als Regel, Princip oder Gesetz gegeben ist. In diesem Falle ist sie bestimmend und heisst logische Urtheilskraft. Wenn aber das Besondere gegeben ist und es soll durch die Urtheilskraft zum Allgemeinen aufgestiegen werden, so ist sie reflectirend und bedarf eines Princips, welches nicht aus der Erfahrung entlehnt ist, um durch systematische Unterordnung die Einheit des Mannigfaltigen zu erlangen. Dieses Princip ist: die Zweckmässigkeit der Natur. „Die Natur wird durch diesen Begriff so vorgestellt, als ob ein Verstand den Grund der Einheit des Mannigfaltigen ihrer empirischen Gesetze enthalte." Diese Zweckmässigkeit ist entweder als formale und nur im Subject sich gründende und vom Subject in die objective Welt gleichsam hineingeschaute, d. i. als subjective, oder als reale und in der objectiven Welt, unabhängig vom anschauenden Subject vorhandene, d. i. als objective, aufzufassen. Die erstere wird auf Grund der Sinnen-Empfindungen ästhetisch durch Geschmack, die andere auf Grund der Gedankenverbindungen teleologisch durch Verstand und Vernunft bestimmt.

In der **Analytik der ästhetischen Urtheilskraft** wird das Vermögen betrachtet und zergliedert, welches dem reinen Geschmack zu Grunde liegt. Das Geschmacksurtheil geht nur auf das innere Gefühl des Gemüthszustandes bei Wahrnehmungen und Vorstellungen. Der Geschmack ist das Vermögen, die Mittheilbarkeit der inneren Gefühle, welche mit gegebener Vorstellung (ohne Vermittelung eines Begriffs) verbunden sind, *a priori* zu beurtheilen. Der Geschmack ist als ein gemeinschaftlicher Sinn aufzufassen.

Das Wohlgefallen am Angenehmen und Guten ist mit Interesse verbunden und gründet sich daher nicht auf reinem Geschmacksurtheil.

Das Schöne gefällt ohne alles Interesse, wird, ohne Begriff, als Object eines allgemeinen Wohlgefallens vorgestellt, hat die Form der Zweckmässigkeit ohne zur Vorstellung eines bestimmten Zwecks zu nöthigen und erregt nothwendig allgemeines Wohlgefallen.

Das Erhabene schliesst Bewunderung und Achtung in sich, übersteigt unser Darstellungsvermögen und erscheint gewaltthätig für die Einbildungskraft. Das mathematisch Erhabene deutet auf das absolut Grosse hin, das dogmatisch Erhabene gründet sich in der Vorstellung einer gewaltigen, uns aber nicht Gefahr drohenden Macht.

„Zum Schönen der Natur müssen wir einen Grund ausser uns suchen, zum Erhabenen aber in uns." In der Natur und in der Kunst ist Schönheit der Ausdruck ästhetischer Ideen. Die ästhetische Idee ist eine ursprünglich innere Anschauung, eine unerklärliche Vorstellung der Einbildungskraft, sowie die Vernunftidee ein unbeweisbarer Begriff ist.

Die Dialektik nun erstreckt sich auch auf die Kritik des Geschmacks in Anschung der Principien. Sie fordert Beweise, obgleich nur Verstandesbegriffe, die sich auf die sinnliche Anschauung beziehen, beweisbar sind. Sie zeigt einen Widerspruch in dem gleichzeitigen Nachweis, dass das Geschmacksurtheil sich einerseits auf Begriffe gründen müsse, denn sonst könne kein Streit entstehen, andererseits aber auf Begriffe sich nicht gründen könne, denn sonst liesse durch Beweise der Streit sich entscheiden.

Das Schöne ist nicht ein Object, sondern das Schöne ist das Symbol des Sittlich-Guten. „Der Geschmack macht gleichsam den Uebergang vom Sinnenreiz zum habituellen moralischen Interesse ohne einen zu gewaltsamen Sprung möglich, indem er die Einbildungskraft auch in ihrer Freiheit als zweckmässig für den Verstand bestimmbar vorstellt und sogar an Gegenständen der Sinne auch ohne Sinnenreiz ein freies Wohlgefallen finden lehrt."

Die Analytik der auf Zweckmässigkeit hindeutenden, oder Zweckmässigkeit aufweisenden, d. i. der teleologischen Urtheilskraft zeigt in der Natur das Dasein von Dingen, deren Causalität nicht im Mechanismus der Natur liegt, deren Entstehungsgesetze nicht durch den auf Sinneswahrnehmung sich stützenden Verstand allein erkannt werden, sondern welche eine Verursachung nach Begriffen der Vernunft voraussetzen lassen. Die Daseinsform der Dinge in der Weise, wie sie ist, führt auf die Thätigkeit einer Vernunft in der Natur. Alles, was in sich selbst eine Verbindung von wechselsweisen Ursachen und Wirkungen enthält, umschliesst, wie die Erhaltung der Gattung durch die Individuen und der Bestand der Individuen in der Gattung, die Erhaltung eines jeden der einzelnen Theile des Organismus eines Individuums durch alle übrigen, die Erhaltung eines Individuums durch das andere und darin die Gewähr für das Bestehen des Organismus des Ganzen: dies Alles führt auf den Zweckmässigkeitsbegriff in der Natur. Alle organisirten Wesen drücken daher einen Zweck in der Natur aus, sie sind nicht blos Maschinen, in ihnen ist nicht blos bewegende, sondern bildende Kraft; Alles in der Natur ist Zweck und wechselseitig auch Mittel. In der ganzen Natur ist ein System von organisirten Wesen und in diesen offenbart sich ein grosses System von Zwecken der Natur. Die Naturforschung selbst nun schützt sich nur dann gegen Verwirrung in ihren Auffassungen und Erklärungen, wenn sie denselben nach Zwecken eine teleologische Beurtheilung zu Grunde legt. Die Naturforschung, welche nicht diesen Charakter trägt, bleibt bei dem blosen Natur-Mechanismus stehen, worin sie durch Kunst die Natur nachbilden kann, aber sie erhebt sich nicht zum Verständniss des lebendigen Organismus, indem dies die Macht der menschlichen Kunst des Nachbildens übersteigt.

Die Dialektik sucht auch die teleologische Urtheilskraft in ihrem Principe des Zweckbegriffs zu beirren, indem sie behauptet: einerseits sei man genöthigt, anzunehmen, dass alle Dinge in der Natur nach mechanischen Gesetzen geschehen, andererseits solle man sich denken, dass Dinge vorhanden seien, deren Dasein sich nicht nach mechanischen Gesetzen erklären lasse, dies enthalte einen offenbaren Widerspruch. Dagegen ist zu bemerken, dass dieser Widerspruch, diese Antinomie, nicht in den Bereich der Urtheilskraft gehört, sondern dass derselbe durch das gegenseitige Uebergreifen von Verstand und Vernunft, oder von theoretischer und praktischer Vernunft, aus dem eigenen in das fremde Gebiet entsteht. Der Mechanismus der Natur entspricht der Auffassung des reinen Verstandes, die Zweckmässigkeit in der Natur wird durch die Anschauung der Vernunft erkannt, welche die Verstandesbegriffe unter Ideen vereinigt.

Die objective Zweckmässigkeit in der Natur ist nun entweder unabsichtlich oder absichtlich; unabsichtlich nach der demokritischen Casualität in der leblosen Materie, oder nach dem spinozistischen Fatalismus mit dem leblosen Gott; absichtlich nach dem Hylozoismus in der lebendigen Materie mit der Weltseele, oder nach dem Theismus mit dem lebendigen Gott.

Die Unabsichtlichkeit schliesst durch sich selbst den Zweckbegriff aus. Bei der Casualität ist der Urgrund blind, bei dem Fatalismus ohne Verstand, und der Begriff „lebende Materie" enthält einen Widerspruch in sich selbst.

Es ist für den Menschen, welcher aber in das Wesen der Natur selbst nicht einzudringen vermag, nothwendig, einen obersten Verstand als Welturursache anzunehmen. Diese Annahme stützt sich aber nur auf die reflectirende teleologische, nicht auf die constitutive ästhetische Urtheilskraft, und es ist daher kein Grund und keine Berechtigung vorhanden, derselben reale Bedeutung und objective Gültigkeit an sich zuzuerkennen. Für den Menschen aber, welcher teleologisch zu reflectiren durch sich selbst bestimmt wird, gilt der subjective Zweckbegriff eben so nothwendig, als ob es ein objectives Princip wäre.

Alle Produkte und Ereignisse der Natur müssen wir so weit als möglich für die theoretische Vernunft mechanisch zu erklären suchen, dürfen aber nicht aus dem Auge verlieren, ungeachtet der mechanischen Ursachen, doch noch, gemäss der wesentlichen Beschaffenheit unserer Vernunft, der Causalität nach Zwecken nachzuspüren.

Dieser in seinen Grundzügen dargestellte transscendentale oder kritische Idealismus enthält, obgleich er nur den Namen „Propädentik" beansprucht, doch schon einen wesentlichen Theil der Philosophie selbst. Denn „Metaphysik sowohl der Natur als der Sitten, vornämlich die Kritik, der sich auf eigenen Flügeln wagenden Vernunft, welche propädeutisch vorhergeht, machen eigentlich allein dasjenige aus, was wir im ächten Verstande Philosophie nennen können."

Die **Metaphysik der Natur**, der erste Haupttheil der Philosophie, ist Transscendental-Philosophie und rationale Physiologie.

Die **Transscendental-Philosophie** betrachtet Verstand und Vernunft in einem System aller reinen Begriffe und Grundsätze.

Die **Physiologie** betrachtet den Inbegriff gegebener Gegenstände und der Gebrauch der Vernunft ist hierbei immanent, d. i. innerhalb möglicher Erfahrung, oder transscendent, d. i. alle Erfahrung übersteigend. Die immanente Physiologie ist rationale Physik und rationale Psychologie, jene geht auf die körperliche Natur, diese erstreckt sich auf die denkende Natur. Die transscendente Physiologie ist transscendentale Welterkenntniss und transscendentale Gotteserkenntniss, jene behandelt die innerhalb der Welt gesetzten übersinnlichen Objecte, diese richtet ihre Betrachtung auf ein ausserhalb der Natur und über dieselbe gesetztes Wesen.

Die Philosophie der Natur als metaphysische Forschung strebt nach Erkenntniss von dem, was ist, und enthält die Theile: Ontologie, rationale Physiologie, rationale Kosmologie und rationale Theologie.

Die Philosophie der Freiheit als ursprüngliche Erkenntniss von dem, was sein soll, bildet den zweiten Haupttheil der Philosophie, welcher sich als **Metaphysik der Sitten** ankündigt, und enthält die Theile: **Metaphysik der Rechtslehre** und **Metaphysik der Tugendlehre**.

Dies insgesammt umschliesst die Erkenntniss aus reiner Vernunft, d. i. die reine Philosophie, welche zu unterscheiden ist von der Vernunfterkenntniss aus empirischen Principien, von der empirischen Philosophie.

Metaphysik der Natur.

Die **Ontologie**, die Wesenlehre, die Lehre von dem innersten Principe alles Dessen, was zur Möglichkeit eines Dinges gehört, ist transscendent, d. i. sie überschreitet die Grenzen der durch direct sinnliche Wahrnehmung möglichen Erfahrung. Die Ontologie wird auch „erste Philosophie, *prima philosophia*" genannt, weil dieselbe im System der Philosophie der erste Theil ist, indem sie die Grundbegriffe und Grundsätze des Philosophirens überhaupt, die obersten Principien der philosophischen Erkenntniss auszumitteln und zu erörtern hat. *Kant* hat in den Kritiken an verschiedenen Stellen Grundbegriffe der Ontologie angeführt und erläutert.

Die **rationale Physiologie** hat *Kant* in einem Entwurfe: „Metaphysische Anfangsgründe der Naturwissenschaft" als rationale Physik und im „transscendentalen Idealismus" als transscendente metaphysische Psychologie behandelt. Jener Entwurf betrachtet die Naturkörper in ihrer Ruhe und Bewegung nach den Beziehungen zu den Kategorien, und zwar der Quantität nach als allgemeine Bewegungslehre, der Qualität nach als die Lehre von den Einzelkräften, der Relation nach als die Einwirkung der Kräfte auf einander, und der Modalität nach als die Unterscheidung zwischen Wirklichkeit und Schein in der Erscheinung. Hiernach entstehen die vier Theile: Phoronomie, Dynamik, Mechanik und Phänomenologie. Die bezüglichen metaphysischen Begriffe und Grundsätze werden erörtert.

und diese Erörterungen, welche einer ausführlichen Behandlung noch bedürftig seien, werden der Bearbeitung empfohlen und als „Einleitung in jede mathematische Naturforschung" charakterisirt.

Die rationale Kosmologie betrachtet die Welt als ein absolutes Ganzes aller Dinge in Raum und Zeit. *Kant* hat die metaphysischen kosmologischen Fragen, nach den Kategorien geordnet, in der Kritik der reinen Vernunft erörtert.

Die rationale Theologie, die aus den Principien der Vernunft abgeleitete Gotteslehre, ist entweder metaphysische oder ethische Theologie, je nachdem man die Principien der theoretischen Vernunft oder die Postulate der praktischen Vernunft für die Forschungen als Grundlage annimmt. *Kant* hat die rationale Theologie sowohl in den Kritiken, als auch in dem Werke: „Die Religion innerhalb der Grenzen der blosen Vernunft (1793)" behandelt.

Dieses religions-philosophische Werk beginnt mit dem noch nirgends philosophisch gelösten Problem vom Ursprunge des Bösen im Menschen. Das Böse erscheint hier als verkehrte Unterordnung der Triebfedern zum Handeln (nämlich des sinnlichen Dranges und des moralischen Gesetzes), wodurch der sinnliche Drang zur Maxime für die Willens-Entschliessung wird. Nehmen wir nun auch die Neigung zu dieser Umkehrung als Geburts-Ererbung an, so bleibt uns doch der Anfang dieser Reihe unbegreiflich, und zwar eben so unbegreiflich, wie die Macht der Idee des moralischen Gesetzes.

Der Gedanke der Möglichkeit einer falschen Unterordnung setzt aber nicht nur den sinnlichen Drang, sondern auch zugleich die ursprünglich moralische Anlage in uns voraus, und diese deutet auf eine moralische Bestimmung unsers Wesens selbst. Der in dieser Anschauung liegende erhabene Gedanke muss das Gemüth begeistern und den Entschluss, die rechte Ordnung in der Herrschaft der Triebfedern eintreten zu lassen, erfolgreich machen. Es bleibt aber ununterbrochen der Kampf des guten Princips mit dem Bösen um die Herrschaft über den Menschen. Das gute Princip ist die personificirte Idee der moralischen Vollkommenheit in dem Sohne Gottes. Das in diesem uns vorgestellte Ideal ist zwar für uns unerreichbar, wegen seiner unendlichen Erhabenheit, wegen unseres fortwährenden Wankens bei der Entschliessung, als in der Handlung des Entschliessens selbst nothwendig gesetzt, und wegen unseres Ausganges vom Bösen selbst, welches schon in der Möglichkeit einer umgekehrten Ordnung der Triebfedern liegt. Die in uns erwachte und lebende Idee von diesem Ideal aber treibt zu moralischer Sinnesänderung, zu durchgängiger Ueberordnung des moralischen Gesetzes über den sinnlichen Drang. Der Sieg des guten Princips über das böse Princip zeigt sich in der Gründung des Reichs Gottes auf Erden. Dies wird gebildet von dem Volke Gottes, unter zwangsfreien und willig befolgten Tugendgeboten in Form der Kirche, welche ihre Vollendung im reinen Religionsglauben erhält. Im Reiche

Gottes, welches in der Herrschaft des guten Princips unter moralischen Gesetzen besteht, ist der reine Dienst Gottes zu bewahren, dass er nicht von einem Scheindienste beschränkt oder verdrängt werde.

Kant würde nicht berechtigt gewesen sein, eine Religions-Philosophie aufzustellen, wenn er nicht in der Kritik der theoretischen Vernunft die Möglichkeit der Religionsideen und in der Kritik der praktischen Vernunft die Nothwendigkeit derselben aufgefunden hätte.

Die „**Metaphysik der Sitten**" veröffentlichte *Kant* 1797. Das Werk enthält zwei Theile: „Metaphysische Anfangsgründe der Rechtslehre" und „Metaphysische Anfangsgründe der Tugendlehre".

Das Gesetz macht die Handlung znr Pflicht; die Triebfeder zur Erfüllung der Pflicht liegt entweder ausser dem Gesetz oder in diesem selbst. Rechtslehre nun und Tugendlehre unterscheiden sich nicht durch verschiedene Pflichten, sondern durch die soeben genannte Verschiedenheit der Triebfedern als die subjectiven Bestimmungsgründe zur Pflichterfüllung.

Die Uebereinstimmung der Handlung mit dem Gesetz erzeugt Legalität, die Uebereinstimmung der Triebfeder mit dem Gesetz begründet Moralität. Die Rechtslehre behandelt die Legalität, die Tugendlehre die Moralität. Was Rechtens sei, dies weiss der Rechtskundige; was Recht sei, dies sucht der Philosoph zu erforschen.

Das Recht als Begriff erscheint der Philosophie als die Gesammtheit der Bedingungen, unter welchen die Willkühr des Einen mit der Willkühr des Andern nach einem allgemeinen Gesetz der Freiheit vereinigt werden kann. Die nothwendige Herrschaft des Rechts begründet nach dem Satze des Widerspruchs die Befugniss zum Zwange. Die Billigkeit ist Recht ohne Zwang, das Nothrecht ist Zwang ohne Recht; beide sind im Rechtsbegriff selbst nicht zu statuiren.

Das Recht als Lehre ist entweder Naturrecht und beruht auf ursprünglichen Principien, oder es ist positives Recht. und geht aus dem Willen eines Gesetzgebers hervor.

Das Recht als Vermögen zu verpflichten, ist angeborenes oder erworbenes. Das einzige angeborene Recht ist die Freiheit, sofern sie mit jedes Andern Freiheit nach einem allgemeinen Gesetz bestehen kann, und es kommt dieses Recht, sammt den unmittelbar darin begriffenen Befugnissen, Jedermann ohne vorhergegangenen rechtlichen Act, ohne äusseres Zeichen der Rechtsertheilung, zu. Die erworbenen Rechte erfordern zur Gültigkeit des Besitzes einen solchen rechtlichen Act.

Das Recht als Gesetzesgrund spaltet sich in Privatrecht und öffentliches Recht.

Das Privatrecht bestimmt das Mein und Dein in Bezug auf Besitz, Gebrauch und Erwerb von Dingen, Personen, dinglichen Personen und persönlichen Dingen. Aus dem Privatrecht im natürlichen Zustande geht das Postulat des öffentlichen Rechts hervor: „Du sollst im Verhältnisse eines unvermeidlichen Nebeneinanderseins mit allen Anderen aus dem natürlichen Zustande heraus in einen rechtlichen Zustand übergehen"; denn nur im rechtlichen Zustande kann Jeder seines Rechts theilhaftig werden, und zwar unter der Form der öffentlichen Gerechtigkeit. Diese ist in Betracht der Möglichkeit, Wirklichkeit und Nothwendigkeit des Besitzes nach Gesetzen eine beschützende, wechselseitig erwerbende und austheilende Gerechtigkeit.

Das öffentliche Recht, „der Inbegriff der Gesetze, die einer allgemeinen Bekanntmachung bedürfen, um einen rechtlichen Zustand hervorzubringen", erscheint in drei Formen, nämlich als: Staatsrecht, Völkerrecht und Weltbürgerrecht.

„Ein Staat ist die Vereinigung einer Menge von Menschen unter Rechtsgesetzen." Wie der Vernunftschluss aus dem Obersatz, Untersatz und Schlusssatz besteht, so ordnen sich im Staate die Herrschergewalt, die vollziehende Gewalt und die rechtsprechende Gewalt, als Gesetzgeber, Regierer und Richter.

„Nur der übereinstimmende und vereinigte Wille Aller, sofern ein Jeder über Alle und Alle über einen Jeden ebendasselbe beschliessen", ist die gesetzgebende Gewalt. Dadurch, dass hierbei Jeder über sich selbst beschliesst, ist es unmöglich, Jemandem Unrecht zu thun *(volenti non fit injuria)*, und es ist daher dieser Wille „untadelig". Der Regent hat die oberste Gewalt zur Geltendmachung des Gesetzes. Diese Gewalt ist „unwiderstehlich". Der Richter soll durch den Act der Gerechtigkeit jedem Unterthan das Seine zuerkennen. Der Rechtsspruch des obersten Richters ist „unabänderlich".

In dem einheitlichen Zusammenwirken dieser drei Gewalten besteht das Heil des Staates.

Wie Personen, so haben auch Völker die innere Verpflichtung, aus dem Naturzustande in den Zustand des Rechts zu treten. Der Naturzustand der Völker ist der Zustand des Rechts des Stärkeren. Der Rechtszustand der Völker ist ein Bund derselben als Genossenschaften in Form eines gesellschaftlichen Vertrags zum Schutz gegen äussere Angriffe. Ein permanenter Völker-Congress soll die Gewähr für die Beobachtung der Vertragsbestimmungen enthalten; durch ihn sollen nach dem öffentlichen Recht der Völker, die Streitigkeiten derselben auf civile Art durch Rechtsprechung entschieden werden, damit die barbarische Art der Rechtsentscheidung, nämlich durch den Krieg, nicht eintrete.

Der Krieg ist nie Zweck, sondern nur Mittel zum Zweck, und ist nur erlaubt als nothgedrungener Zwang zur Rückkehr zum Rechtszustand. Er wird nothwendig gegen gefährliche Drohung und gegen ausgeführte Rechtsverletzung, wenn ein anderes Mittel zur Sicherung oder zur Wiederherstellung des Rechtszustandes nicht vorhanden ist. Der Krieg, wenn er geführt werden muss, ist aber nach solchen Grundsätzen zu führen, dass es möglich bleibt, nach Beendigung desselben noch Vertrauen zu haben und in den rechtlichen Zustand wieder einzutreten.

Das Weltbürgerrecht gründet sich auf dem Princip einer durchgängigen Gemeinschaft aller Völker in Absicht auf gewisse allgemeine Gesetze ihres möglichen Verkehrs.

Der letzte Zweck der Rechtslehre innerhalb der Grenzen der Vernunft, besteht in der continuirlichen Annäherung zum höchsten politischen Gut, zum **ewigen Frieden**.

Die **Tugendlehre** ist derjenige Theil der allgemeinen Pflichtenlehre, welcher nicht die äussere Freiheit, sondern die **innere** unter Gesetze bringt. Die freie Selbstbestimmung, die Zweck und Pflicht vereint, ist der Charakter der Tugendpflichten.

Der **Zweck, welcher zugleich Pflicht** ist, besteht nun in eigener Vollkommenheit und fremder Glückseligkeit. Der Mensch soll den Willen haben, durch Cultur der Vermögen überhaupt und insbesondere durch Cultur seiner moralischen Anlage sich zu vervollkommnen, und die Nebenmenschen durch Förderung ihrer physischen Wohlfahrt und durch Hebung ihres sittlichen Zustandes glückselig zu machen.

Das oberste Princip der Rechtslehre ist **analytisch**; es folgt der äussere Zwang aus dem Begriffe der Freiheit nach dem Satze des Widerspruchs. Das oberste Princip der Tugendlehre ist **synthetisch**; es wird mit dem Begriffe der Freiheit der nicht in demselben ursprünglich liegende Zweckbegriff verbunden.

Das moralische Gefühl, das Gewissen, die Liebe zum Nächsten und die Achtung gegen sich selbst sind natürliche Gemüthsanlagen; das Bewusstsein derselben ist die Wirkung eines **moralischen Gesetzes** auf das Gemüth. Diese Gefühle zu heben, ist nicht ein Pflichtanspruch, sondern die Verpflichtung selbst folgt aus dem Besitze dieser Gefühle.

Die Metaphysik der Sitten weist als **Grundsätze** auf, dass jede Pflicht nur einen einzigen Grund der Verpflichtung habe, dass zwischen Tugend und Laster ein Unterschied nicht dem Grade nach, sondern dem Wesen nach stattfinde, und dass die ethischen Pflichten nicht nach der empirischen Kenntniss vom Menschen, sondern nach der rationalen, nach der Idee der Menschheit, gebildet werden.

Die Tugendlehre enthält als Theile: **Elementarlehre** und **Methodenlehre**. Die Elementarlehre wird in Dogmatik und Casuistik, die Methodenlehre in Didaktik und Ascetik eingetheilt.

Die **Dogmatik** stellt die Tugendpflichten selbst systematisch auf. Die **Casuistik** ist fragmentarisch in die Dogmatik eingestreut und giebt Anleitung, wie die Wahrheit gesucht werden solle, indem sie an Beispielen die Urtheilskraft durch Uebung schärft.

Die **Didaktik** giebt Anweisung, die Vernunft in der Theorie der Pflichten zum klaren Verständniss des Tugendbegriffs zu üben. Die **Ascetik** lehrt, wie das Tugendvermögen und der Wille in Thätigkeit gesetzt und cultivirt werden, damit die Befolgung der Pflichten wackeren und fröhlichen Gemüths geschehe.

Der Mensch hat Pflichten gegen menschliche Wesen als gegen Vernunft- und Sinnenwesen, und zwar gegen sich selbst und gegen andere Menschen, und Pflichten gegen nichtmenschliche, und zwar untermenschliche und übermenschliche Wesen. Die Pflichten gegen untermenschliche Wesen sind nur indirecte Pflichten, insofern sie in der That nur Pflichten gegen das eigene Gefühl sind, und zwar gegen das ästhetische und gegen das moralische Gefühl. Auch die Pflichten gegen übermenschliche Wesen sind im Grunde nur Pflichten des Menschen gegen sich selbst. Die Idee Gottes, welche uns nothwendig ist, legt uns durch sich in Bezug auf sich Pflichten gegen uns selbst auf. In diesem praktischen Sinne kann man den Satz aufstellen: „Religion zu haben ist Pflicht des Menschen gegen sich selbst." Wenn es nun aber auch Pflicht für den Menschen ist, Religion zu haben und wenn auch die philosophische Moral in der Religion den Inbegriff aller Pflichten als göttlicher Gebote erkennt: so liegt doch die Religion als Lehre der Pflichten gegen Gott jenseits der Grenzen der rein philosophischen Ethik. Pflichten gegen Gott als ihm zu leistenden Dienst können nur in der geoffenbarten Religion vorhanden sein, welche die Idee des Daseins Gottes nicht als ein bloses Postulat, sondern das Dasein Gottes selbst als unmittelbar oder mittelbar in der Erfahrung gegeben, darzulegen hat.

Das Philosophiren *Kant*'s hat durch seinen Charakter und seine Ergebnisse eine gewaltige Nachwirkung gehabt; es hat tief eingegriffen in die Grundanschauungen über die Verhältnisse des Lebens und hat in der Wissenschaft den offenen Kampf zwischen Verstand und Vernunft hervorgerufen. Das Losungswort des *Kant*'schen Philosophirens war: „Kritik" — und so begann denn nun, nachdem *Kant* seine „Kritik der reinen Vernunft" veröffentlicht hatte und der Geist derselben in weiteren Kreisen in die Gedankenwelt eingedrungen war, sehr bald ein allgemeines Kritisiren, und zwar mit oder ohne Befähigung und daher mit oder ohne Berechtigung. Herkommen und Sitte, Gebrauch und Gewohnheit, Recht und Dogma, kurz Alles, was sich der äussern oder innern Wahrnehmung darbot, wurde der Kritik nach Verstandes-Principien unterworfen. Die Betrachtung der Einwirkung des philosophischen Kriticismus auf das sociale, politische und kirchliche Leben liegt ausser dem Bereich dieser Darstellung, welche nur das Charakteristische der philosophischen Systeme und diese in ihren wechselseitigen Beziehungen vergegenwärtigen soll.

Kant hatte nur denjenigen Begriffen objective Gültigkeit zuerkannt, welche sich auf Gegenstände sinnlicher Wahrnehmungen beziehen, und dadurch den Kreis menschlicher Erkenntnisse durch den Verstand abgeschlossen. Ausserhalb der Grenzen der Sinneswelt und der in ihr schwebenden ursprünglichen Begriffe des Verstandes setzte er aber die Möglichkeit eines uns seiner innern Beschaffenheit nach unbekannten Gebietes, aus welchem die Postulate der praktischen Vernunft, die Ideen: „Freiheit,

Unsterblichkeit, Gott" in die Sinneswelt herüber ragen. Diesen Ideen sprach er nun zwar nicht den Charakter von Erkenntnissen zu, legte ihnen aber ein grösseres Gewicht bei, als den Begriffen des Verstandes. Er wagte jedoch nicht darüber zu entscheiden, ob die Ideen mit und in der Menschheit erst entstanden seien im einzelnen Menschen aufleben und mit dem Tode desselben wieder vergehen, oder ob dieselben auch ausser dem Menschengeiste irgend welchen Bestand für sich haben, und auf diese Weise durch diesen objectiven Bestand das Substrat einer von der Körperwelt dem Wesen nach verschiedenen Geisteswelt seien, so wie das „Ding an sich" das Substrat der Körperwelt bilde.

Jacobi. [F. H. 1743—1819] ein jüngerer Zeitgenosse *Kant's*, suchte nun da zu ergänzen und auszufüllen, wo *Kant* leeres Feld gelassen hatte. „Mich scheidet" sagte er „von der *Kant'*schen Lehre das allein, was sie auch von sich selbst scheidet, und mit sich uneins macht, nemlich, dass sie das Dasein zweier specifisch von einander unterschiedenen Erkenntnissquellen im menschlichen Gemüthe zugleich voraussetzt und bestreitet." *Jacobi* findet nun im Verstande nur das Vermögen zu urtheilen, aber nicht eine Erkenntnissquelle. Der Verstand bewahrheitet nur; die Gegenstände, welche gedacht werden sollen, müssen aus der Anschauung entnommen sein. Solche Anschauungen gewähren die Sinne und die Vernunft. Diese beiden Vermögen erzeugen in der That unmittelbare Wahrnehmungen, die Sinne im Bereiche der Körperwelt, die Vernunft im Bereiche der Geisteswelt. Der Verstand hingegen bildet blos logische Phantasmen, indem er aus sinnlichen Begriffen wiederum Begriffe von Begriffen formt und so die Einbildung gewinnt, als vermöge er die Sinneswelt zu überfliegen und eine Wissenschaft des Uebersinnlichen zu erreichen. Diese logischen leeren Gebilde sind aus dem Gebiete der reellen Erkenntnisse zu verweisen, damit Raum werde für die Vernuhftideen.

Die Wahrnehmungen sowohl der Sinne als auch der Vernunft sind an sich gewiss; sie können, da sie unmittelbar sind, nicht durch Beweise erhärtet werden, bedürfen aber auch der Beweise nicht. Indem *Kant* die Ideen der Vernunft praktisch beweisen will, so beschreibt er einen Umweg, er geht von ihnen aus und kehrt zu ihnen zurück, er konnte dieselben unmittelbar haben und behalten. „Es war aber seit *Aristoteles* ein stets zunehmendes Streben in den philosophischen Schulen entstanden, die unmittelbare Erkenntniss überhaupt der mittelbaren, das ursprünglich alles begründende Wahrnehmungsvermögen dem durch Abstraction bedingten Reflexionsvermögen, das Urbild dem Abbilde, das Wesen dem Worte, die Vernunft dem Verstande unterzuordnen, ja in diesem jene ganz untergehen und verschwinden zu lassen. Nichts sollte fortan mehr für wahr gelten, als was sich beweisen, d. i. zweimal weisen liesse: wechselsweise in der Anschauung und im Begriffe, in der Sache und in ihrem Bilde oder Worte, und in diesem nur, dem Worte, sollte wahrhaft die Sache liegen und wirklich zu erkennen sein. Da sich nun ein solches zweimal weisen, mit Erhebung des letzten über das erste, als dem Verstande angemessen, der Vernunft aber nicht angemessen zeigte: so wurde diese für untüchtig erklärt, im Reiche der wahren Wissenschaft den Scepter zu führen, man übergab ihn dem Verstande, liess aber dennoch, was höchst merkwürdig ist, der Vernunft den königlichen Titel und den Schmuck der Krone."

Die philosophischen Verstandes-Demonstrationen führen zu Fatalismus und Atheismus. Das Element der wahren Erkenntniss ist Glaube. Der Glaube ist eine Nöthigung des Gefühls.

Den Verstand hat der Mensch mit dem Thiere gemein, und es ist hierbei nur ein Grad-Unterschied. Die Vernunft unterscheidet den Menschen von dem Thiere; durch den Besitz derselben trennt der Mensch sich wesentlich von dem Thiere. „Dass der Mensch von dem Thiere, dass die Vernunft von dem Verstande, nicht der Art, sondern nur der Stufe nach, nicht qualitativ, sondern blos quantitativ unterschieden sei, ist im Grunde die Meinung aller nichtplatonischen Philosophen gewesen. von *Aristoteles* bis auf *Kant*, wie sehr auch ihre Lehrgebäude übrigens von einander abweichen, ja wohl scheinbar bis auf den Grund einander entgegengesetzt sein mögen." *Kant* hat durch die Ideen der praktischen Vernunft die *Plato*nischen Ideen wieder in's Leben gerufen. „Der Kriticismus *Kant's* untergräbt zuerst, der Wissenschaft zu Liebe, theoretisch die Metaphysik; dann — weil nun Alles einsinken will in den weitgeöffneten bodenlosen Abgrund einer absoluten Subjectivität — wieder der Metaphysik zu Liebe, praktisch die Wissenschaft." Er setzt an Stelle der zerstörten Metaphysik die Ideen der praktischen Vernunft, welche ebenso wahr als erhaben sind. Dieses Setzen muss aber vielmehr als unmittelbare Anschauung der Vernunft aufgefasst werden. Die Vernunft-Ideen gründen sich in dem objectiven und reinen Gefühl, dessen Autorität als die höchste anzuerkennen ist, worauf die Lehre von dem Uebersinnlichen sich stützt.

„Alles Philosophiren geht aus von einer dem Menschen innewohnenden Sehnsucht nach einer Erkenntniss, die er die Erkenntniss des Wahren nennt, ohne sich selbst genügend erklären zu können, was ihm dieses über Alles bedeutende Wort denn eigentlich bedeute. Er weiss es und weiss es nicht. Das, womit er es weiss, nennt er seine Vernunft; das, womit er es nicht weiss, aber zu erforschen bemüht ist, seinen Verstand."

Die Ideen der Vernunft, welche uns durch unmittelbare Anschauung kund werden, sind mit einander in nothwendiger Verbindung, eine gründet sich auf der andern und alle bedingen sich gegenseitig. Nur indem man sich selbst kennt, und nach den reinsten und besten Trieben, die im Menschen liegen, handelt, gelangt man zur Kenntniss von Gott, und nur durch die That in Gott kann man in Anderen die Anschauung Gottes erzeugen, die Erkenntniss Gottes in ihm erwecken. „Daher soll auch ein

Mensch den andern nicht durch Bilder und Worte, sondern durch sein Thun zur Religionslehre emporheben. Denn es ist umsonst, dass du dem Armen sagest: es ist ein Gott, und dem Waislein: Du hast einen Vater im Himmel; mit Bildern und Worten lehrt kein Mensch dem andern Gott kennen. Aber wenn du dem Armen hilfst, dass er wie ein Mensch leben kann, so zeigst du ihm Gott, und wenn du das Waislein erziehest, das ist, wie wenn es einen Vater hätte, so lehrst du ihm den Vater im Himmel kennen, der dein Herz also gebildet, dass du es erziehen musstest."

Das Philosophiren *Jacobi's* ist durch und durch ethischer Natur, es ist fast nur auf die praktischen Ideen der Vernunft gerichtet. Die Erkenntniss des reflectirenden Verstandes wird vollständig negirt; nur den Anschauungen der Sinne und der Vernunft wird objective Erkenntniss und gewisse Wahrheit zugesprochen. Der halbe Idealist läugnet die Wahrheit der Sinneswahrnehmung, der ganze Idealist läugnet die Wahrheit der Vernunftoffenbarung. Beide sind nicht durch Beweise von der Unrichtigkeit ihrer Denkweise zu überzeugen. Man kann Niemand zwingen, die Empfindungen, deren er sich bewusst ist, als die Wirkung eines wirklich existirenden materiellen Stoffes anzuschauen, und „wenn die reinen Gefühle des Schönen und Guten, der Bewunderung und Liebe, der Achtung und Ehrfurcht nicht überzeugen, dass er in und mit diesen Gefühlen ein von ihnen unabhängig Vorhandenes wahrnehme, welches den äusseren Sinnen und einem auf ihre Anschauungen allein gerichteten Verstande unerreichbar ist: wider den ist nicht zu streiten."

Jacobi hat kein vollständig in sich abgeschlossenes philosophisches System aufgestellt, sondern meistens der Beurtheilung der Gedanken anderer Philosophen seine philosophischen Anschauungen angereiht. Wenn nun auch diese Anschauungen als frei aus dem Boden des Gefühls empor wachsend zu betrachten sind, so entkeimen sie doch demselben nicht willkürlich, sondern der Fruchtkern, in welchem ihr Lebensprocess beginnt, ist die praktische Vernunft der *Kant*'schen Philosophie mit den drei metaphysisch-ethischen Grundideen: Freiheit, Unsterblichkeit, Gott.

Fries [J. F. 1773—1843] verwebte die *Jacobi*'sche Theorie der unmittelbaren Vernunft-Anschauung in ein geordnetes System der menschlichen Erkenntniss. Der ganze innere Gehalt des Menschen erscheint ihm in vier Bereiche getheilt: in die physikalische, psychologische, ethische und religiöse Erkenntnisssphäre und für jede derselben, nimmt er an, ist eine ihr eigenthümliche Methode des Erwerbes und des Besitzes der Erkenntnisse erforderlich. In der Getrenntheit dieser Erkenntnissarten gründet sich die Unvollkommenheit der menschlichen Natur. Die Physik zieht uns zum Materialismus, die Psychologie zum Spiritualismus, die Ethik zum Dualismus, die Religion nur erhebt uns zur Erkenntniss des Absoluten. In der Idee der ewigen Schönheit, die in der welterlösenden Liebe ihren Ausdruck findet, offenbart die Religion uns durch unmittelbare Anschauung in der Stimmung der Begeisterung, Resignation und Andacht das Göttliche der absoluten Wahrheit, und sie enthüllt uns die Natur der übrigen Erkenntnisssphären als Bereiche, welche nur getrübte Erscheinungen, nicht die reine Wesenheit selbst enthalten.

Durch die objective Zusammenstellung der vier Erkenntnissarten, durch die kritische Untersuchung derselben, und durch das Streben nach ihrer subjectiven Vereinigung unter der Herrschaft der ästhetisch-religiösen Vernunft-Anschauung: gewährt dieses System die Grundlage zu einer Philosophie, welche die *Kant*'sche Schärfe des Verstandes mit der *Jacobi*'schen Innigkeit des Gefühls zu vereinigen sucht.

Während auf diese Weise von den beiden genannten und von mit denselben sinnesverwandten Philosophen das Gebiet, welches Kant absichtlich leergelassen hatte, mit Ideen erfüllt und belebt und dadurch der Vernunftwelt ein objectiver Gehalt geschaffen und der ethische Bereich der Kant'schen Philosophie erweitert und genauer bestimmt wurde: entwickelte sich die Kant'sche Philosophie auch in ihrer idealistischen Seite und zwar namentlich durch *Fichte*, *Schelling* und *Hegel*.

Kant hatte als Ergebniss seiner Kritik der menschlichen Vermögen den Gedanken ausgesprochen, dass wir zu dem „Ding an sich" auf keine Weise gelangen, sondern dass nur die Erscheinung desselben sich in uns zur Vorstellung gestalte, dass unsere objective Erkenntniss nicht über die Vorstellung in unserem Innern hinausgehe, sondern nur auf diese sich stützen oder an dieselbe angeknüpft werden müsse. Hieraus entstand eine klare Ansicht von dem schroffen Gegensatz zwischen der Realität des Objectes und der Idealität des Gedankens desselben.

Auf verschiedene Weise versuchte nun von neuem der Idealismus diesen Gegensatz zu vernichen. Man suchte darzuthun, dass das vermeintliche „Ding an sich" gar nicht objectiv realiter existire, oder man suchte den Träger des Gedankens, dem individuellen Ich, sein selbstständiges Dasein abzunehmen, die Seele des Menschen in eine allgemeine Weltseele zu versenken und mit dem Welt-Sein zu identificiren, oder endlich man suchte das dingliche Dasein und das geistige Denken dadurch zu vereinen, dass man ein Drittes annahm, welches als absolutes Sein diese beiden Formen des Seins implicite in sich enthalte, und aus welchem dieselben in wirkliches Dasein heraustreten, herausstehen, zur Existenz kommen. Man könnte dies auch so ausdrücken: das erste Bestreben ist die Aufhebung der objectiven Realität des Dinges an sich, das zweite ist die Einsenkung des individuellen Subjects in die Objectivität des Weltseins, das dritte ist die Verschmelzung der Dingheit mit der individuellen geistigen Subjectivität in einem, beide Formen des Seins in sich enthaltenden Absoluten. Man bezeichnet diese verschiedenen Richtungen des Idealismus durch: subjectiven, objectiven und absoluten Idealismus, weil bei der ersten Richtung das Subject, bei der zweiten das Object, bei der dritten das Absolute als der innerste Kern des ganzen Seins erscheint, und man pflegt *Fichte, Schelling* und *Hegel* als die Urheber oder Vertreter dieser philosophischen Anschauungsweisen in entsprechender Reihenfolge anzunehmen.

Kant hatte die Postulate der praktischen Vernunft, also im Grunde den Glauben an die objective Existenz Gottes, an die moralische Freiheit des Menschen in seinen Entschliessungen, und an eine persönliche Fortdauer des Menschengeistes nach dem leiblichen Tode als das Gewichtigste der ganzen Philosophie aufgestellt, und es war ihm hinreichend, dass die theoretische Vernunft die Zulässigkeit dieser Ideen im geordneten Gedankenkreise nicht für unmöglich erkläre.

Fichte (1762—1814) erkennt im Wissen das innerste Wesen und die höchste Macht der Philosophie; ihm genügt der Nachweis der Möglichkeit im Bereiche des Denkens nicht für die Annahme einer Idee, er fordert den Beweis für die Nothwendigkeit dieser Annahme.

Kant's Kritik der reinen Vernunft endet im Grunde nach Aussen und nach Innen, nach der Sinnenwelt und nach dem übersinnlichen Gebiete hin, in Betreff unserer Erkenntniss mit negativen oder unsicheren Resultaten, die Sinne erfassen nicht das „Ding an sich," der Verstand fasst nicht die Ideen der praktischen Vernunft und die praktische Vernunft giebt keine theoretischen Beweise, mithin keine Sicherheit und Gewissheit der Erkenntniss.

Fichte trachtet nach einem sicheren positiven Resultat im Erkennen, die Negation genügt ihm ebensowenig als die Wahrscheinlichkeit. Das Denken ist in solchem Zustande der Unsicherheit noch nicht frei von fremder Autorität und von einer äussern Natur; es muss aber das Denken die volle Freiheit erlangen, es muss in Allem sowohl seiner That, als auch des Grundes derselben sich bewusst sein. Aus einem Princip muss Alles, was wir denkend erringen und zum Wissen erheben sich entfalten, wenn die in der That vollendete Wissenschaft durch das fortschreitende Denken erreicht werden soll. Dieses eine Grundprincip ist der Begriff des „Ich." Nichts darf gesetzt oder eingeführt werden, was nicht als mit diesem „Ich" in nothwendiger Verbindung stehend erkannt worden ist. So sucht denn nun Fichte die Begriffe „Raum und Zeit," welche Kant als Formen der reinen Anschauung im Ich gesetzt hatte, im Wesen des Ich, das im „Handeln" besteht, zu begründen. So zersetzt er die Stammbegriffe der theoretischen Vernunft, um sie aus dem im „Handeln" bestehenden Wesen des Ich abzuleiten. So geht er den Spuren der Freiheit nach bis er zu der Erkenntniss gelangt, dass das „Ich" des Besitzes seiner Freiheit nur durch das Thun, nicht durch reflexive Demonstration, sich bewusst werden könne.

In diesen Untersuchungen *Fichtes* über die innere geistige Thätigkeit des Menschen, in den Forschungen über das Subject des Wissens, in der Hervorhebung des Gedankens, dass das Wesen des „Ich" im „Handeln," sei es als Denken, sei es als Wollen, bestehe, und dass dieses denkende und wollende Handeln nach Principien zu geschehen habe, welche im „Ich" selbst liegen und sicher vom Verstande des „Ich" erfasst werden müssen, in dem Trachten nach vollendeter Klarheit und unbestreitbarer Gewissheit des Verstandes, nach Unabhängigkeit im Entschliessen von Allem, was nicht aus dem Wesen des Verstandes folgt: mithin in der vollkommenen Autonomie eines Verstandes-Ich liegt das ganze Gewicht der Fichte'schen Philosophie.

Der Mensch wird anfangs nur durch den in ihm vorhandenen Naturtrieb und durch die Eindrücke, welche er von aussen erhält, in seinem Verlangen und Streben bestimmt, er ist gleichsam nur ein Theil der Natur, und vollständig abhängig von der Natur. Dann wird er sich eines fremden Willens bewusst, als welcher ihm sein Wollen vorschreibe: er gehorcht und befindet sich immer noch im Zustande völliger Abhängigkeit. Sobald er aber die erste That nach freiem Entschlusse vollbringt, offenbart sich in dem selbstständigen Handeln das Wesen des „Ich." Bei diesem Handeln gelangt das „Ich" an eine Schranke, es gelangt zu einem Gegenstand, d. h. zu einem Etwas, was seinem Streben entgegensteht. Es unterscheidet den Gegenstand, das „Nicht-Ich," vom „Ich" und gelangt zum Bewusstsein der Verschiedenheit seiner selbst von dem Gegenstande. Das „Ich" ist aber hierbei noch nicht zum Bewusstsein der eigenen Thätigkeit und That dieses Unterscheidens durchgedrungen. Das „Ich" erhält die Einwirkung des „Nicht-Ich" immer noch fortwährend und es handelt gegen dasselbe theils nach eigenem Naturtrieb, theils nach fremdem Willen, theils nach freiem Entschlusse. Auf dieser ersten Stufe des Selbstbewusstseins bleiben die meisten Menschen stehen.

Das „Ich" erhebt sich nur in einzelnen Menschen zur philosophischen Betrachtung seiner selbst, es handelt als „philosophisches Ich." Es schaut seinen innern Zustand des Leidens und des Thuns an, und es erkennt im Leiden den Bereich seiner Abhängigkeit, im Thun den Bereich seiner Freiheit. Das Leiden begründet sein Wissen, das Thun beurkundet sein Wollen.

Das „philosophische Ich" erblickt nicht den Gegenstand, welcher das „gemeine Ich" zu einem leidenden macht, es erblickt nur eben das „leidende Ich," und in gleicher Weise erblickt es nicht den Gegenstand, auf welchen das „gemeine Ich" sein Handeln richtet, es erblickt nur eben das „handelnde Ich." Es bleibt mit seiner Betrachtung im „Ich," es kann nicht die Grenzen des „Ich" überschreiten; es weiss daher nichts von der Realität des „Nicht-Ich," es erkennt im Leiden des „Ich" nur eine andere Thätigkeit desselben, es erklärt diese für eine verminderte Thätigkeit. Das „philosophische Ich" erkennt einen ausserhalb des „Ich" befindlichen Realgrund, welcher das Leiden des „Ich" verursachte, nicht an, da es an sich von der Einwirkung von Aussen nichts erfährt, sondern es setzt nur einen Idealgrund ein, welcher im „Ich" selbst liegt, zur Erklärung sowohl des Leidens als auch des Thuns des Ich. Der scheinbar äussere Gegenstand ist demnach für das „philosophische Ich" nur eine Schranke im „Ich" selbst, und diese Schranke ist ihm nur eine Negation in Bezug auf den Grad des Thuns des „Ich." Die Vorstellung, in welcher das „Nicht-Ich" als ein dem „Ich" selbst fremdes und ausser demselben befindliches Etwas erscheint, hält das „philosophische Ich" für die That einer Selbsttäuschung des gemeinen Bewusstseins.

Erweitert nun das „Ich" die Anschauung von seiner Wesenheit und erkennt es demgemäss in seinem individuellen Bewusstsein nur eine Schranke der „allgemeinen Ichheit," eine leere Negation der Totalität der allgemeinen Vernunft: so fällt durch die ins Unendliche erweiterte Anschauung schliesslich diese Schranke gänzlich hinweg; es löst sich der Schein der Individualität in sein Nichts auf; das Bewusstsein „Ich handele" streift die beschränkende Persönlichkeit ab, es hört auf Subject gegenüber einem Objekt zu sein, es erhebt sich zum Bewusstsein des Handelns und Thuns der „allgemeinen Ichheit." Die Thesis ist die ursprüngliche allgemeine Vernunft-Substanz; die Antithesis ist die Sonderung zum persönlichen Ich, welches seinem eigenen Thun sich selbst gegenüberstellt, die Synthesis ist die Durchbrechung dieses Gegensatzes mittels des philosophischen Bewusstseins, welches in seinem Thun das Thun der allgemeinen Vernunft erkennt. Jedes individuelle Ich hat die Bestimmung und das Ziel, das persönliche Bewusstsein aufzuheben und zur „allgemeinen Ichheit," zur allgemeinen Vernunft zurückzukehren.

Die *Fichte*'sche Philosophie besteht aus zwei Haupttheilen, aus der **theoretischen** und der **praktischen** Philosophie. Die theoretische Philosophie hat ihren Grund darin, dass das „Ich" sich als vom „Nicht-Ich" beschränkt setzt; die praktische gründet sich darin, dass das „Ich" das „Nicht-Ich" als durch das »Ich« beschränkt setzt. Durch die Wechselwirkung, welche zwischen diesen zweierlei Beschränkungen stattfindet, greifen theoretische und praktische Philosophie in einander ein.

Für die **theoretische Philosophie** wählte *Fichte* den Namen „Wissenschaftslehre". Alles Wissen muss sich zu einem System vereinigen, dadurch erst wird Wissenschaft erzeugt. Diese Vereinigung geschieht durch die Zurückführung der gesammten Erkenntnisse auf den Grundbegriff »Ich«. Aus diesem »Ich« muss alles Erkennen und Wissen, wie ein Baum aus dem Saamenkorn, sich entwickeln. Auf diese Weise erhält die Erkenntniss den Charakter der Nothwendigkeit und wird zur Gewissheit*).

In dem Satze „Ich bin Ich" ist der Satz der Identität ausgesprochen, welcher sagt, dass man in einem Begriffe nur übereinstimmende

---

*) In Betracht der theoretischen Philosophie *Fichte*'s ist zu vergleichen: Die Stellung des *Fichte*'schen Systems im Entwickelungsgange der Philosophie, oder Charakteristik der philosophischen Systeme von *Thales* bis *Fichte* etc. von Dr. *Adolph Drechsler*. 2. Aufl. Dresden, Rud. Kuntze. 1862.

Merkmale verbinden solle. Darin ferner, dass das „Ich" sich selbst setzt und in dem Gesetzten sich selbst erkennt, liegt das Handeln als die Realität des Ich.

In dem Satze: „Ich bin nicht Nicht-Ich" ist der Satz des **Widerspruchs** ausgesprochen, welcher sagt, dass man in einem Begriffe sich gegenseitig aufhebende Merkmale nicht setzen solle. Darin ferner, dass das „Ich" das „Nicht-Ich" setzt und als dasjenige erkennt, was es nicht selbst ist, liegt die **Negation** als der Gegensatz der Realität.

In dem Satze „Ich und Nicht-Ich beschränken einander gegenseitig", ist das **Causalitätsgesetz** ausgesprochen, welches sagt, dass nichts in der Natur ohne Ursache geschieht. Darin ferner, dass „Ich und Nicht-Ich" sich wechselseitig negiren und doch nicht gänzlich aufheben, liegt die **Limitation**, die unter Beschränkung (Negation) vorhandene Realität.

Warum setzt überhaupt das „Ich" ein „Nicht-Ich"? Warum setzt es nicht blos „Ich"? — Das „Ich" setzt das „Nicht-Ich", weil es als „individuelles Ich" in seinem Setzen beschränkt ist; es kann nun ja doch nicht sich selbst als die Schranke seiner selbst setzen, die Schranke des Ich muss daher Etwas sein, was nicht „Ich" ist. Das „Ich" ist dem „Ich" aber die Realität, so ist die Schranke die Negation der Realität. Das „Ich" kann, so lange es „individuelles Ich" ist, demnach nicht anders als sich begrenzen in seinem Denken. Das „Ich" soll aber praktisch werden, es soll handeln in Freiheit; es soll die Schranken, die es gesetzt hat, wieder aufheben, es soll sich als der allgemeinen Vernunft zugehörig erkennen, in die Totalität der allgemeinen Ichheit übergehen, die Beschränkung der Persönlichkeit vernichten. So lange das Ich aber noch individuell ist, bleibt die Aufhebung der Schranken nur ein **Streben**. Alle Zustände der Passivität, der Beschränkung, des Leidens, des „persönlichen Ich" werden für das „Ich" vergehen, sobald das „Ich handle" übergegangen ist in die „Totalität des absoluten Handelns".

Obgleich nun im Grunde der consequent durchgeführte „Verstandes-Idealismus" auf keine Weise aus dem „Ich" herauskommen kann, indem er nichts als die Vorstellungs- und Denkformen des „Ich", und wiederum Vorstellungen und Gedanken von derartigen Vorstellungen und Gedanken und sofort hat, und somit Etwas was nicht formelles „Ich" wäre, gar nicht zu erlangen vermag, da doch nie das Ding selbst, sondern nur die Vorstellung vom Dinge im „Ich" sich bildet, und da die gehaltvollen Vernunft-Ideen aus den leeren Verstandes-Reflexionen nicht hervorgehen, und obgleich *Fichte* die strengste Consequenz in den philosophischen Denkreihen als unerlässliche Bedingung für die wahre Philosophie beansprucht: so musste er doch, als er zur praktischen Philosophie überging, zu dem gemeinen Bewusstsein herabsteigen, er konnte nicht auf der isolirten Höhe des philosophischen Verstandes-Bewusstseins bleiben, wenn er irgendwie Anknüpfungspunkte mit der Aussenwelt und Anknüpfungspunkte mit der moralischen Welt erhalten wollte. Das gemeine Bewusstsein nun wird aber das „Ding an sich" nicht los, es drängt dasselbe sich ihm unaufhörlich als Real-Gegenstand auf; und in gleicher Weise hat das gemeine Bewusstsein ein Verlangen nach Ideen, welche nicht aus dem formalen Verstande, welche nicht durch die mathematische Methode der synthetischen Verbindung von sinnlichen Begriffen des Verstandes errungen werden können. So ist denn nun auch die *Fichte*'sche Philosophie nicht in ihrer Totalität der consequente subjective dogmatische Verstandes-Idealismus, für welchen er von Vielen, man kann wohl sagen, fast allgemein gehalten wird.

Jede Philosophie, welche nur das Wissen des Verstandes als wahr anerkennt, kann sich nicht über den Standpunkt der socialen Moral erheben.

Was ist bei *Fichte* die Sittlichkeit? — Das mit Bewusstsein autonomische Handeln des „Ich", d. h. das Handeln des „Ich", welches ohne Reiz oder Antrieb von anderwärts her beginnt und selbst die Richtung seines Handelns nach Gesetzen bestimmt, die in der Natur des „Ich" als wesentliche Bestandtheile desselben enthalten sind. *Fichte* hat aber nur ein „Verstandes-Ich". Das Verstandes-Ich nun besitzt nichts als Formal-Gesetze, und der kategorische Imperativ desselben mit all seinem imponirenden Auftreten ist ohne positiven, ohne realen Gehalt. Die objectivirten Principien des Verstandes sind ohne allen ethischen Charakter, und sie erhalten denselben auch dadurch nicht, dass man das Wissen vom Grunde des Handelns als einen wesentlichen Bestandtheil des moralischen Handelns erklärt. Denn immer noch bleibt die Frage unbeantwortet: welches ist denn nun eigentlich der Grund des Handelns, dessen ich mir bewusst sein soll? — Und so giebt denn auch schliesslich *Fichte* die Antwort auf diese Frage, dass dieser Grund des Handelns im Gewissen enthalten sei. Aus dem theoretischen Verstandes-Wissen wird aber auf keine Weise ein Gewissen. Zwischen Wissen und Gewissen ist eine unendliche Kluft für diejenigen, welche nicht im Gewissen ein Wissen aus erster Hand, ein unmittelbares Einschauen in die übersinnliche Welt annehmen, d. i. in die Welt, welche *Kant* durch Abgrenzung der Sinneswelt mittels der allgemeinen und nothwendigen Verstandesbegriffe, als ausserhalb dieser Sinnenwelt vorhanden angedeutet oder möglich gelassen hat.

Sittenlehre ohne Religion ist nur Blendwerk und Schein. So wie die Rechtslehre ihren tieferen Grund in der Sittenlehre hat, so hat die Sittenlehre ihre Begründung in den religiösen Anschauungen.

Fichte's **praktische Philosophie** enthält drei Theile: Rechtslehre, Tugendlehre, Religion.

Die Rechtslehre. Das Ich, oder Vernunftwesen, welches handelt, setzt den Gegenstand, auf welchen sein Handeln geht, theils als einen nichthandelnden, theils als einen ebenfalls handelnden, als Ding und als ebenfalls „Ich". Ein andres Vernunftwesen thut das Gleiche. Die Sphären dieser handelnden Vernunftwesen müssen nun so bestimmt werden, dass jedes derselben die grösstmögliche Freiheit erhalte und die geringstmögliche Einschränkung erdulde. Es müssen deshalb die Vernunftwesen in ein Rechtsverhältniss zu einander treten. Dieses Rechtsverhältniss begründet die Rechtslehre.

Das Urrecht ist das absolute Recht der Person, in der Sinnenwelt nur Ursache zu sein. Hierin liegt das Recht auf Dauer der absoluten Freiheit, auf Unantastbarkeit des Leibes, und auf unbeschränktes Einwirken in die Sinneswelt. Es ist nun aber dieser Zustand kein andrer, als der Zustand des Rechtes Aller auf Alles. Dieser Zustand macht sich jedoch in und durch sich selbst unmöglich. Es tritt die Besitznahme von Dingen ein, und erfolgt die Erklärung des Besitzes durch die That. Ein Vertrag dient zur Herstellung des Gleichgewichtes der beschränkten und beschränkenden Rechte unter den Vernunftwesen. Jedes Vernunftwesen hat nun auf das beschränkte Urrecht Aller zu achten, d. h. den Vertrag zu halten, die Achtung muss, wenn sie irgendwie nicht gewährt wird, erzwungen werden. Hieraus entsteht:

Das Zwangsrecht. Nach der ersten Uebertretung des Vertrags liegt in „Treue und Glauben" keine Sicherheit mehr. Jeder muss nun dafür sorgen, dass das Recht des Andern erhalten werde, damit er selbst in seinem Rechtsbesitze gesichert sei. In diesem Stadium ist aber das Bestehen des Zwangsrechts nur problematisch, da derjenige Theil, welcher das Recht verletzt, wohl stärker sein kann, als der andere Theil, dessen Recht verletzt wird. Es muss daher der Zwangsrechtsvertrag einen geordneten und fixirten allgemeinen Willen aufstellen und der Ausdruck desselben ist der Staat. Hieraus entsteht:

Das Staatsrecht, welches einen gemeinsamen Willen enthält, mit welchem jedes Einzelnen Wille synthetisch vereinigt sein soll. Das allgemeine gegenseitige Misstrauen ist die ursprüngliche oder erste Ursache des Staates. Gut, Ehre und Leben jedes Bürgers, welcher seine Bürgerpflichten erfüllt, müssen im Staate und vom Staate gesichert sein. Der Staatsbürgervertrag besteht aus: Eigenthumsvertrag, Schutzvertrag und Vereinigungsvertrag. Der erste macht eine Unterlassung, der zweite eine Leistung zur Pflicht und der dritte gebietet die Einordnung jedes Einzelnen in das organische Ganze. Der Staat übernimmt von der Gemeine den gemeinsamen Willen und erhält die Gewalt, die Gesetze des Vertrags zur Geltung zu bringen. Es ist dies ein Vertrag der Gemeine mit dem Staate, in Folge dessen der Staat einerseits den vertragsmässigen Schutz zu leisten, andrerseits die Erfüllung der Bürgerpflichten und den Gehorsam gegen das Gesetz nöthigen Falles zu erzwingen hat. Die zur Verwirklichung des Staatszweckes anzuwendende Gewalt reicht bis zur Erklärung der Rechtslosigkeit des Verbrechers, wodurch der Vertrag mit ihm aufgehoben ist. So weit geht der Staat als Richter. Ein rechtsloser Verbrecher ist nun einem schädlichen Thiere gleich zu achten, und die schützende Gewalt des Staates tödtet ihn. Sein Tod ist nicht Strafe, sondern Sicherungsmittel.

Die **Sittenlehre** unterscheidet sich wesentlich von der Rechtslehre; letztere setzt für den Freiheitstrieb der Individuen nach Aussen die Grenzen fest, erstere bestimmt die Grenzen der im Innern des Individuums streitenden Triebe. Vernunft und Natur beanspruchen beide, und zwar oft in entgegengesetzter Weise die Herrschaft über den Willen des Menschen, die Vernunftsprüche sind das Wesen des Geistes selbst und im Gehorsam gegen sie gehorcht der Geist sich selbst, er äussert seine Autonomie des Willens. Der Trieb zur Unterwerfung unter die Natur ist gegen das Wesen des Geistes, und die Forderungen desselben sind heteronomisch. Der Mensch hat unaufhörlich diesen Kampf zu bestehen oder sich desselben zu gewärtigen. — Aus dem Materialen des Naturtriebes und dem Formalen des Vernunftgesetzes entsteht ein gemischter Trieb, welcher allmälig zum reinen Triebe der Vernunft geläutert werden soll. Mitleid und Menschenliebe sind gemischte Triebe, sie verunstalten den reinen Willen, welcher einzig aus dem Bewusstsein der Pflicht entspringen darf. Das Bewusstsein, dass Etwas für mich Pflicht sei, entsteht daraus, dass ich es für wahr halte und mir dieses Fürwahrhaltens gewiss bin, oder aus dem Bewusstsein der Wahrheit und Gewissheit. Dieses Bewusstsein richtet sich nach dem intellectuell-moralischen Standpunkt des Vernunftwesens, und wenn das Vernunftwesen seinem Standpunkt gemäss seiner Pflicht nachkommt, so erfüllt es jedesmal seine Bestimmung: es handelt nach Ueberzeugung von seiner Pflicht, d. i. nach seinem Gewissen. „Das Gewissen ist das unmittelbare Bewusstsein unserer bestimmten Pflicht." Diese bestimmte Pflicht, d. h. was in jedem besonderen Falle Pflicht sei, wird aber erst durch einen Denkact gefunden, nur dass überhaupt etwas Pflicht sei, ist unmittelbares Bewusstsein. Wer bei seinem Handeln auf fremde Autorität sich stützt, handelt gewissenlos. Was nicht mit Bestätigung unseres eigenen Gewissens gethan wird, ist Sünde; denn die Selbstständigkeit ist des Menschen höchster Zweck. Hierauf gründen sich drei Sittengesetze: 1) Subordinire nie deine theoretische Vernunft; 2) bilde dein Erkenntnissvermögen so weit du kannst; 3) sei bei allem Nachdenken des Zweckes, d. i. deiner zu erlangenden und behauptenden Selbstständigkeit dir bewusst. Die Realisirung dieser Sittengesetze in der Sinnenwelt, die Realisirung der allgemeinen Herrschaft der Vernunft ist für Alle die höchste sittliche Pflicht.

Die **Religion** lehrt uns, dass alles Heilige, Gute, Schöne nicht unser Werk, sondern das Wirken Gottes in uns sei. — Was ist Gott? „Er ist Dasjenige, was der ihm Ergebene und von ihm Begeisterte thut." „Schaue an das Leben seiner Ergebenen, und du schauest Ihn an; ergieb dich selber Ihm und du findest Ihn in deiner Brust.". Nur in der Liebe zu Gott ist Realität, und diese Liebe ist der Grund des seeligen Lebens. „Die Seeligkeit selbst besteht in der Liebe und in der ewigen Befriedigung der

Liebe und ist der Reflexion unzugänglich. Der Begriff kann dieselbe nur negativ ausdrücken; worin die Seeligkeit selbst positiv bestehe, lässt sich nicht beschreiben, sondern nur unmittelbar fühlen". Aus der Liebe zu Gott entspringt die Freimachung vom Zwange der Natur, die pflichtmässige Gesinnung und die Freudigkeit des Rechtthuns. Die Religion ohne Wissenschaft ist Glaube; die Wissenschaft hebt allen Glauben auf und verwandelt ihn in Schauen. „Der wahrhaftige und vollendete Mensch soll durchaus in sich selber klar sein; denn die allseitige und durchgeführte Klarheit gehört zum Bilde und Abdrucke Gottes. Von der andern Seite aber kann freilich keiner diese Anforderung an sich selber thun, an den sie nicht schon ohne alles sein Zuthun ergangen, und dadurch selbst ihm erst klar und verständlich geworden ist."

So ist denn *Fichte* in seiner eigenen inneren Entwickelung von der Gesetzlichkeit des Verstandes zur Religion der Liebe fortgeschritten, von der Herrschaft des logischen Begriffs zur Herrschaft des begeisternden Gefühls übergegangen. Er wendet sich zu Johannes, dem Apostel der Liebe und die Logos-Lehre durchdringt seine Anschauung. „Das lebendige Leben ist die Liebe, und hat und besitzt, als Liebe, das Geliebte, umfasst und durchdrungen, verschmolzen und verflossen mit ihm: ewig die Eine und dieselbe Liebe." „Und es ist nicht eine kühne Metapher, sondern es ist buchstäbliche Wahrheit, was derselbe Johannes sagt: wer in der Liebe bleibet, der bleibet in Gott, und Gott in ihm."

Fichte hatte auf dem Standpunkt der Wissenschaftslehre und daselbst in der Anschauung des philosophischen „Ich" in der That nur die subjective Seite des Wissens als Realität anerkannt, die ausser dem Ich vorhandene Wirklichkeit aber in das Ich selbst gesetzt und hier als blosse Negation der Realität betrachtet. Die Natur ist diesem „Ich" ein inhaltsleeres Object, welches als eine unbegreifliche Schranke im „Ich" erscheint, die vom „Ich" mehr und mehr fortzurücken ist, damit das Handeln des Ich einen immer grösseren Raum erhalte. Diese Schranke wird aber nicht vom „Ich" durchbrochen oder überschritten; das „Ich" bleibt mit seinem Wissen im „Ich", es gelangt nicht zur Natur, nicht zum Verständniss der äusseren Wirklichkeit. Es wird demnach durch den subjectiven Idealismus eine Verbindung zwischen Denken und Sein nicht erreicht: das Denken wird zur Realität erhoben und das körperliche Dasein der Dinge wird willkührlich negirt. Denken und Sein stehen einander immer noch unvermittelt gegenüber; der Verstandes-Idealismus ist in seinem Mechanismus erstarrt, er ist unfähig, die wirkende Kraft der Natur und den lebendigen Geist der Vernunft zu verstehen, er ist unfügsam, Natur und Geist in ihrer Wahrheit in sich aufzunehmen.

War es nun unausführbar gewesen, vom „Ich" hinaus zur Natur zu gelangen: so musste zunächst die Frage entstehen, ob es nicht möglich sein sollte, in entgegengesetzter Richtung das Ziel zu erreichen? ob man nicht eine Vereinigung von seiender Natur und denkendem Ich, eine wechselseitige Durchdringung dieser Gegensätze, zu Stande bringe, wenn man von der Natur ausgehe, und von hier aus zum Ich fortschreite?

Schelling (Fried. Wilh. Jos. von) erfasste diesen Gedanken; er ging in seiner philosophischen Anschauung von der Natur aus und suchte in dieser Richtung in das Ich einzudringen, eine Vermittelung, eine Identificirung des „Seins" und des „Denken" zu erreichen. *Fichte* wollte den persönlichen Menschengeist durch allmälig vergrösserte Entfernung seiner Schranken zur allgemeinen Vernunft erweitern: *Schelling* ging von dem aus, wo *Fichte* anlangen wollte: er begann mit einer allgemeinen Natur-Vernunft und suchte von der allgemeinen objectiven Idee eines blind wirkenden Absoluten durch Einsetzung von Schranken und allmälige Verengung ihrer Abgrenzungen allmälig zum Selbstbewusstsein im „Ich" zu gelangen. Die Herrschaft der objectiven Idee bei dieser Auffassung der Natur veranlasste es, dass dieses System „objectiver Idealismus" genannt wurde. Es erhielt dasselbe aber ausserdem noch die Namen: Naturphilosophie und Identitätsphilosophie, und zwar jenen, weil es nach dem innersten Wesen und Grund der Natur forschte, diesen, weil es alle Gegensätze in einem gleichsam neutralen Indifferenzpunkt zu identificiren strebte.

Die Philosophie *Schelling's* ist kein vollendetes, geschlossenes System, in welchem derselbe die Endergebnisse seiner Forschungen in geordneter Weise aufgestellt hätte; sondern es ist dieselbe die Geschichte der innern Entwickelung der philosophischen Anschauungen dieses Denkers. Je nachdem man nun in *Schelling's* Mittheilungen bei einem oder dem andern der Entwickelungsstadien stehen bleibt, wird man ihn mit den Anschauungen dieses oder jenes früheren Philosophen, allerdings mit Modificationen, in Uebereinstimmung finden. Er schliesst sich anfangs an *Fichte* an, weil er aber hier die Natur gänzlich vernachlässigt findet, so tritt er auf die Seite der Naturphilosophen, deren Anschauungen den historischen Beginn aller Philosophie überhaupt bilden. In der Vergeistigung der Naturkräfte und, man kann wohl sagen, mystischen Gliederung derselben, liegt das Charakteristische der *Schelling*'schen Denkweise. Unbefriedigt durch das unvermittelte Nebeneinanderbestehen von Transscendentalphilosophie und Naturphilosophie, erfasste er den spinozistischen Gedanken von einer Substanz mit den Attributen der Ausdehnung und des Denkens. Die unvermeidliche Unbestimmtheit dieser einen Substanz ihrem eigentlichen Wesen nach, führte ihn durch bildliche Versinnlichung derselben zum neoplatonischen Symbolisiren. Hierdurch kam er allmälig zur theosophischen Anschauung, auf den Standpunkt *Jacob Böhme's*. Das All ist ihm die Entzweiung des ursprünglich indifferenten Seins Gottes, welcher in dieser Entzweiung den Grund seines thätigen Lebens hat, um aus dieser Entzweiung durch die Bejahung seiner selbst im Andern zur erschauten Identität mit sich selbst sich zu versöhnen. Schliesslich sucht

Schelling für sein immer noch unbefriedigtes Forschen einen Ruhepunkt in der positiven Religion zu finden. Er bezeichnete diesen seinen letzten Standpunkt, auf welchem er in Mythologie und Offenbarung sich vertiefte, als seine **positive Philosophie**.

Um nun das **Charakteristische** der *Schelling*'schen Philosophie hervorzuheben, haben wir die Gedanken der Naturphilosophie *Schelling's* uns zu vergegenwärtigen.

Das absolute Sein der Natur soll im Denken dargestellt werden und hierin soll das Wissen des Wahren und Wirklichen zu Stande kommen. „Ist Philosophie Wissenschaft des Göttlichen als des allein Positiven, so ist sie Wissenschaft des Göttlichen als des allein Wirklichen in der wirklichen oder Naturwelt, d. h. sie ist wesentlich Naturphilosophie. Wäre sie nicht Naturphilosophie, so würde sie behaupten, dass Gott allein in der Gedankenwelt, also nicht das Positive oder Wirkliche der Naturwelt sei, d. h. sie würde die Idee Gottes selbst aufheben." „Die wahre Philosophie muss reden von dem, was da ist, d. h. von der wirklichen, seienden Natur. Gott ist wesentlich das Sein, heisst: Gott ist wesentlich die Natur und umgekehrt." Die Naturphilosophie ist der directe Gegensatz aller Abstraction und aller Systeme, die aus dieser hervorgehen. „Alles was in Wissenschaft oder in Religion oder in irgend einem Kreis menschlicher Thätigkeit je zur Beständigkeit gediehen und wahrer Objectivität theilhaftig geworden, hat dieses eben durch jenen letzten Schritt gewonnen, welchen nun für immer die Vernunftwissenschaft dadurch gethan hat, dass sie Naturphilosophie wurde."

Zum Verständniss der Natur ist es erforderlich, Alles, was sich der Beobachtung darbietet, in harmonischer Einheit zu denken, aus **Einem** das unendlich Mannigfaltige abzuleiten, auf dieses **Eine** Alles im All zurückzuführen und in allem Einzelnen des All dieses **Eine** überall und stets wiederzufinden.

Durch alle Erscheinungen der Natur zieht sich ein Dualismus hindurch, überall stösst die denkende Beobachtung auf Gegensätze. Diese Duplicität muss irgendwie und in irgend Etwas ihre Vereinigung finden.

Wie der Magnetstab an seinen beiden Enden entgegengesetzte Kräfte offenbart, und wie diese Kräfte, bevor der Magnetismus erregt und bemerkbar wurde, auch schon vorhanden, aber noch vereinigt waren, und wie sie in dieser Vereinigung noch nicht als Erscheinung sich herausstellten: so sind alle entgegengesetzt wirkenden Kräfte im Zustande ihrer noch stattfindenden Vereinigung, noch nicht Gegenstände der sinnlichen Wahrnehmung.

Der **Grund** von Allem als solcher umschliesst das Sein und das Nichtsein. Im Grunde ist das Sein noch nicht wirklich geworden, aber das Nichtsein ist aufgehoben; es ist die Möglichkeit des Seins. Das Sein tritt aus dem Grunde heraus; es äussert sein Heraustreten, seine Existenz durch die Kraft der Ausdehnung ins Unendliche und durch den Zug zu seinem Grunde zurück, d. i. als Expansion und Attraction.

Wie der Magnetstab sich in Theile theilen lässt, und wie sich in jedem Theile wiederum zwei entgegengesetzte Pole bilden, an welchen die Kraft des Magnetismus in ihrer Duplicität zur Erscheinung kommt, und wie auf diese Weise wiederum Einzelheiten als Ganze entstehen: so theilt sich das unendliche Sein in unendlich viele Theile und jeder Theil ist wieder für sich ein Ganzes, in welchem das Wesen des Grundes als in ihm sich bethätigend fortbesteht.

Der Grund hört nicht auf, Grund zu sein: ein unendliches Produciren ist der ewige Zug der Natur. Das Produkt zeigt das Streben des Grundes zu sich selbst zurück, es ist die Erscheinung des sich hemmenden Producirens, und in dem Sichselbsthemmen der Naturkraft, in den ewigen Gestalten der Produkte, erscheint das Leben der Natur.

Das Lichtwesen entspricht der Expansiv-Kraft; es ist das positiv thätige Urelement, der Aether der Alten, es ist die sich bewegende Kraft, die in ihrer Bewegung jedem der Sinne nach seiner Weise bemerkbar wird. Die Materie entspricht der Attractiv-Kraft, sie ist das negative Princip, die Verendlichung des Seins, sie schliesst als Schwere die einzelnen Gestaltungen in sich ab. „Das Dunkel der Schwere und der Glanz des Lichtwesens bringen erst zusammen den schönen Schein des Lebens hervor und vollenden das Ding zu dem eigentlichen Realen, das wir so nennen. Die absolute Copula der Schwere und des Lichtwesens aber ist die eigentlich productive und schaffende Natur selbst, zu der sich jene als die blossen, wenn gleich wesentlichen Attribute verhalten. Von dieser quillt Alles, was uns in dem Verbundenen mit der Idee der Realität des Daseins erfüllt."

Das Licht ist die Selbstbeschauung der Natur, und hierin der Grund des subjectiven Daseins aller Dinge. Die Schwere concentrirt das Dasein jedes Dinges zur Einheit und Ganzheit in sich selbst und mit dem All; sie ist das Element der Objectivität. In jedem Ding ist die Einheit zwischen subjectivem und objectivem Sein vorhanden, das Ding ist in sich selbst Subject und im Verhältniss zu andern Dingen Object.

Der Abdruck der Schwere ist das Starre, der Abdruck des Lichtes ist die Luft, der Abdruck der Indifferenz von beiden ist das Wasser, das Flüssige.

Licht und Schwere gestalten sich in Bewegung und Materie zur Welt durch den magnetisch-electrisch-chemischen Process.

Im Magnetismus erscheint die Schwere als Cohäsionskraft, der Magnetismus vereint die Gegensätze in einem und demselben Ding. Die Electricität vereinigt die Gegensätze verschiedener Individuen zur Einheit.

Der Chemismus schafft die Einheit entgegenwirkender Kräfte in einem Dritten, durch das Beiwirken eines Etwas, was aus dem Grunde der Natur selbst stammt und die Vereinigung erzeugt.

Der Chemismus bildet den Uebergang zum Organismus, in welchem der chemische Process sich continuirlich wiederholt.

In der unorganischen Natur ist jedes Individuum in dem Zustande des Sichselbsterhaltens, es schafft nicht neue Individuen, der schaffende Geist ist im Produkte erloschen. Der Chemismus allein kämpft hier gegen den allgemeinen Tod, er verwandelt die Produkte und erzeugt im Process die Bewegung, den Abdruck des Lebens der Natur.

Der Organismus hat zugleich Ursache und Wirkung in sich selbst; er ist ein geschlossener Kreis. Der Mechanismus ist nur ein Moment des Organismus, er ist eine von den unendlich vielen, unendlich kleinen Linien, welche den Umkreis ausmachen. Wie diese kleinen, geraden Linien nur scheinbar vorhanden sind, so ist auch der Mechanismus in der Natur nur scheinbar vorhanden. Die Zweckmässigkeit, welche das All durchdringt, hebt die Natur des Mechanismus im All auf.

Die organische Natur offenbart sich in der Pflanze und in dem Thier. Die Reproduction kämpft gegen die Vernichtung. Das Individuum reproducirt sich selbst zur Erhaltung der Gattung, und die Gattung sichert den Bestand der Individualität. Die Vernichtung der Individuen offenbart ein Streben zum Allgemeinen, zum Absoluten.

In dem Thierleben bildet die Irritabilität, d. i. die Erregbarkeit und Thätigkeit der Muskeln, einen in sich abgeschlossenen Mechanismus, und daher hat das Thier Selbstbewegung; die Sensibilität, d. i. Erregbarkeit und Thätigkeit der Nerven, wird durch gefühlte Eindrücke zur Rückwirkung auf jenen Bewegungs-Mechanismus bestimmt. Der Instinct ist der Ausdruck der Vereinigung von Irritabilität und Sensibilität ohne Bewusstsein.

Die unorganische und die organische Natur, in welcher nicht das Produkt und nicht das Individuum, sondern das ewige Bewegen und Produciren das Wesen des Grundes offenbaren, diese beiden Naturen finden ihre Vereinigung in der Weltseele. Diese offenbart sich als Bildungskraft und Bildungstrieb, sie wirkt in jedem einzelnen Theil des All durch den Begriff, nach welchem jedes einzelne sich gestaltet. Könnte der sich bildende Crystall bei seinem Entstehen sich selbst erkennen, so würde er finden, dass ihm für sein Sichgestalten ein Begriff vorschwebt. Ebenso entwickelt sich die Pflanze aus dem Kern, das Thier aus dem Eie, und der entkeimenden Pflanze, wie dem auflebenden Thiere, schwebt zur Nachbildung ein Begriff vor, welcher sich realisirt. Alle diese Begriffe aber sind in harmonischer Einheit, in der noch schlummernden und im Schlummer träumenden Weltseele. Diese Weltseele ist der objective Geist der Natur, und die in den Dingen stets aus einem Punkte heraus thätigen Begriffe, sind die objektiven Ideen.

So schlummert auch anfangs die objective Idee des Geistes im Organismus des menschlichen Körpers und es ist dem noch nicht zum Bewusstsein seiner Subjectivität gelangten Geiste Denken und Sein identisch; er trennt noch nicht den Gedanken des Dinges von dem Dinge selbst. Wäre der Geist nicht frei, so würde er nie aus diesem Zustande der Indifferenz herauskommen. Der Mensch, anfangs auf dem Standpunkte des Thieres, wo nur der Reiz der Empfindung die Selbstbewegung verursacht, wiederholt dann frei, d. i. ohne äussere Anregung seine Thätigkeit, er erschaut diese Thätigkeit als die seinige, und erhebt sich dadurch zum Selbstbewusstsein. Die Spaltung zwischen Denken und Sein ist nun im Menschen entstanden, die Kluft zwischen Idealem und Realem, zwischen Subject und Object hat sich nun geöffnet. In der Idee des Geistes waren diese beiden Pole, nämlich Denken und Sein noch nicht zum Vorschein gekommen, nur als der Geist sich als Persönlichkeit, als „Ich" erkannt, erscheint er sich im Gegensatze zur Natur, aber er findet sich selbst überall in der Natur wieder, denn er ist ja nur ein momentanes Aufblitzen der Weltseele zum Selbstbewusstsein.

Der Menschengeist wiederholt durch Denken das Walten und Gestalten der Natur in sich, und hierin liegt das Band zwischen Naturphilosophie und Philosophie des Geistes. Durch die starre Entgegensetzung seiner selbst, gegen die Dinge der Natur, hat er sich vom Absoluten getrennt, das Absolute selbst und das Unendliche sind aus seinem Wesen gewichen. Er schaut die Naturproducte in Raum und Zeit, nicht das ewige und unendliche Produciren selbst.

Aber im Anschauen der Gesetzlichkeit und Zweckmässigkeit in der Natur vereinigt der Geist sich wieder mit der Weltseele. Die Kunst, die Religion und die Wissenschaft sind die drei Stufen, auf welchen das Absolute dem endlichen Geiste sich offenbart, auf welchen der Geist des Menschen den geistigen Charakter der Natur erschaut.

Der Künstler nimmt die objective Idee der Natur in sich auf, verschmelzt sie mit seinem eigenen Wesen, und offenbart in seinem Werke die harmonische Einheit zwischen Geist und Natur. In der Kunst erhält die unmittelbare intellectuelle Anschauung des Absoluten ihren Ausdruck, das Absolute ist Gegenstand ästhetischer Wahrnehmung. Das Objectiv-Vernünftige muss eingehen in das Subject, und das Subject muss sein eigenes Selbst vergessen und nur in der objectiven absoluten Vernunft sein Wesen erkennen, so dass ihm der Unterschied zwischen Object- und Subjectsein verschwindet, und dass in ihm die Identität oder die absolute Indifferenz zwischen dem Subjectiven und dem Objectiven sich realisire. So offenbart sich ihm, dass zwischen objectivem Sein, subjectivem Sein und dem Sein von beiden in ihrer Identität kein qualitativer, sondern nur ein quantitativer Unterschied stattfindet; das Sein potenziert sich selbst in diesen Daseinsformen, das Sein erscheint hierin in einer jedesmal höheren Potenz. Die subjective Vernunft auf dem Standpunkt des religiösen Bewusstseins schaut, wie die Natur ganz und gar von der Idee beherrscht wird, wie sie ganz und gar vom Absoluten durchdrungen, ganz und gar Vernunft ist. Die Identität von Vernunft und Natur erscheint aber nicht in den Einzeldingen, welche nur durch die Anschauung der willkührlichen Reflexion sich zu Einzeldingen gestalten, sondern nur die Natur in ihrer Totalität erscheint durch und durch vernünftig. Die Vernunft auf dem Standpunkt der Wissenschaft, erkennt die Identität im Realen der Natur: die Schwere, das Licht und der Organismus, welcher beide umschliesst, vereinigen sich für ihre Anschauung in der Idee des objectiven Seins der Weltseele. Sie erkennt die Identität im Idealen des Geistes: das Wissen, das Handeln und die Vernunft selbst, welche die Einheit von Wissen und Handeln realisirt; erschaut sie vereint in der Idee des subjectiven Seins der Weltseele. Sie erkennt die Identität von Natur und Geist im Absoluten, welches in dieser Identität sich selbst erkennt und in dieser Anschauung sein wahres Sein sich selbst offenbart. Es lässt sich aber diese Identität weder durch die analytische noch durch die synthetische Methode nachweisen; es lässt sich dieselbe nur durch die construirende Methode, bei welcher im Einzelnen die Wiederholung des Ganzen sich darstellt, zur Anschauung bringen. „Das dem Begriffe nach ewige In-Einander-Scheinen des Wesens und der Form ist das Reich der Natur, oder der ewigen Geburt Gottes in den Dingen und der gleich ewigen Wiederaufnahme dieser Dinge in Gott, so dass nach dem Wesentlichen betrachtet, die Natur selbst nur das volle göttliche Dasein ist, oder Gott in der Wirklichkeit seines Lebens und in seiner Selbstoffenbarung betrachtet."

Ueber der Wissenschaft steht die Contemplation, die unmittelbare Anschauung Gottes, bei welcher nicht die Vernunft des Menschen, sondern das Auge Gottes im Menschen sehend geworden ist.

Von dem Standpunkt des objectiven Idealismus, wo der allgemeine objective Geist der Natur im persönlichen Geiste verendlicht erscheint, und diese Verendlichung nur als eine vorübergehende Beschränkung zu betrachten ist, wo das durch unbegreifliche Potenzirung zu Stande gekommene persönliche Bewusstsein durch die Macht des objectiven Geistes der Natur wieder vernichtet werden soll, so dass der Menschengeist im Natursein völlig aufgeht; von diesem Standpunkt entfernt sich schliesslich *Schelling* wieder, wie bereits oben erwähnt wurde, weil ungeachtet aller Bemühung einer Indentificirung doch immer das objectiv reale Sein und das subjectiv ideale Denken heterogener Natur bleiben, und weil dieser Gegensatz auch in *Schelling's* Bewusstsein nach zeitweiliger künstlicher Verhüllung endlich von selbst in seiner natürlichen Gestalt wieder hervortrat.

Durch die theosophischen Gedanken von dem unendlichen Urgrunde, welcher in ewiger Entzweiung und Selbstbejahung sein Leben offenbart, gelangte *Schelling* zur Offenbarungsphilosophie. Das Denken des Gedankens unterschied sich ihm wieder wesentlich von dem Denken des Seins; der Gedanke des Geistes erschien ihm wieder wesentlich verschieden von der objectiven Wirklichkeit der Natur. Das Absolute war ihm nicht mehr in der Totalität des Naturseins, es war ihm nicht mehr in der Totalität des Wesens des persönlichen Menschengeistes, es war ihm nicht mehr in der Totalität der endlichen Gedanken Gottes im All enthalten. Er forschte nun nach der Offenbarung des Absoluten in den verschiedenen positiven Religionen. Das Absolute offenbaret sich allmälig von dem Sein als dem Urgrunde alles Lebens bis zum Geist als dreieinigem Gott. Die Mythologie des Heidenthums deutet auf die Erscheinung des lebendigen Gottes in der Natur, das Christenthum enthüllt das Wesen Gottes als des absoluten Geistes im Geiste Christi. Diese Offenbarung ist der Anfang des wahren Gottesbewusstseins in der christlichen Gemeinde.

Bevor aber *Schelling* von dem Standpunkte der Naturphilosophie, in der ihm eigenthümlichen Form des objectiven Idealismus, allmälig zu dem Standpunkte einer Verschmelzung des christlichen Dreieinigkeits-Dogmas mit der philosophischen Anschauung des Absoluten, welches in sich ist, aus sich heraustritt und zu sich zurückkehrt, überging, hatte bereits *Hegel* dem Strome der Philosophie eine neue Richtung gegeben.

Hegel (1770—1831) schuf die Philosophie des „absoluten Idealismus."

Kant erklärte dasjenige, was sich nicht in die Denkformen des Verstandes einschliessen liess, für undenkbar überhaupt, für unbegreiflich, für nicht Gegenstand des Wissens. Die Logik liess er im Wesentlichen in ihrer bisherigen Weise bestehen. In der Form dieser Logik philosophirte er über die Mittel zum Philosophiren, und bediente sich der Philosophie, indem er ihren Umfang und ihre That untersuchte, gleich als ob er die Untersuchung schon abgeschlossen hätte. Die Anerkennung der übersinnlichen Ideen: Gott, Freiheit und Unsterblichkeit ermangelte der theoretischen Begründung und das geheimnissvolle „Ding an sich", was stets hinter der Erscheinung sich verbirgt, war und blieb die Hindeutung auf einen nicht zu überwindenden Gegensatz zwischen dem idealen Denken und dem realen Sein.

Fichte beseitigte nicht das „Ding an sich", er gab ihm nur einen andern Namen, er nannte es eine „unbegreifliche Schranke" im Ich, an welche das Streben des Denkens, sich unendlich zu erweitern, gelange, und durch welche dieses in sich selbst reflectirt werde. Die Logik liess er ebenfalls unverändert gelten; er bearbeitete mit derselben die innere Thätigkeit des Geistes durch Entwickelung der Verstandesbegriffe und durch die Anschauung der Gesetze, nach welchen das Handeln des subjectiven Geistes erfolgt und erfolgen soll. Da er aber aus seiner Verstandes-Philosophie nur die Form ableiten, hingegen einen materiellen Gehalt nicht gewinnen konnte, so entnahm er diesen dem von anderwärts herzugerufenen Gewissen. Das Leben der Natur vernachlässigte er bei seinen Betrachtungen gänzlich, er konnte die Brücke von dem Geiste zur Natur nicht finden. Die moralische Weltordnung, welche er in die Natur legte, war nicht aus dieser entwickelt, er erhob sich nicht zur Anschauung des absoluten objectiven Geistes, es fehlten seinem System die dazu erforderlichen religiösen Ideen der Vernunft.

Schelling, als Naturphilosoph, setzte das Absolute in die ursprüngliche Substanz der Natur, liess es hier als Indifferenzpunkt zwischen Gegensätzen, in der Verbindung der Gegensätze, in der Identität derselben, sein wahres Sein haben, welches in der Spaltung der Gegensätze zur erscheinenden Wirklichkeit gelangt, um nach Durchlaufung mehrerer Stadien oder nach Aufsteigung zu immer höheren Potenzen in der Identität des subjectiven und objectiven absoluten Seins, welche im Bewusstsein des Menschen sich realisirt, als absoluter Geist aufzuleben. Dieses Aufleben des absoluten Geistes, diese Selbstanschauung der Weltseele ist aber nur ein momentanes Aufleuchten aus dem Dunkel des absoluten Seins; die Weltseele nimmt im Menschengeiste zu nur vorübergehenden Erscheinungen die sich selbst beschränkende Persönlichkeit an. Das Aufflammen des Absoluten, das Erwachen der Weltseele im Menschengeiste, das Bewusstsein der Identität des Wesens des absoluten und des Menschen-Geistes, das Bewusstsein, dass das geistige Leben des Menschen nur in den Gedanken der Weltseele sein Heraustreten, seine Existenz habe, wird aber nicht durch fortschreitendes Denken, nicht durch discursive Reflexion erlangt, sondern es ist dasselbe eine unmittelbare That des sich selbst anschauenden objectiven Geistes des All im Menschengeiste. In dieser Contemplation hat der Menschengeist die Schranken der persönlichen Subjectivität vernichtet, das Absolute, welches vorher als objective Idee in ihm vorhanden war, hat seine Hülle abgeworfen, die Herrschaft des objectiven Idealismus ist zur Wahrheit geworden.

Hegel knüpfte anfangs seine philosophischen Gedanken an Betrachtungen über die Grundlehren in der *Kant*'schen, *Fichte*'schen, *Jacobi*'schen und *Schelling*'schen Philosophie an, und zeigte sich hierbei als Anhänger der Philosophie *Schellings*.

Jacobi hatte den Satz aufgestellt: „Gott ist, und ist ausser mir, ein lebendiges für sich bestehendes Wesen, oder Ich bin Gott. Es giebt kein Drittes." Dagegen erklärt sich *Hegel*: „Es giebt ein Drittes, sagt die Philosophie, und es ist dadurch Philosophie, dass ein Drittes ist." Gott ist die Identität von Denken und Sein, das „Entweder-Oder" wird von der wahren Philosophie vertilgt, und diese wahre Philosophie ist die Naturphilosophie. Es ist weder das Absolute ausser dem „Ich", noch ist das „Ich" ausser dem Absoluten. Nur dasjenige bleibt, was alle Entzweiung aufhebt; denn nur dieses ist wahrhaft Eins und unwandelbar dasselbe. „Einzig aus diesem kann sich ein wahres Universum des Wissens, eine Alles befassende Gestaltung entwickeln."

Hegel beabsichtigte die von *Schelling* angebahnte naturphilosophische Richtung durch vollkommen systematische Behandlung, dem subjectiven Idealismus gegenüber, zur Geltung zu bringen, erhob sich aber bald über *Schellings* objectiven Idealismus, zum Idealismus des Absoluten, zur Umschliessung des subjectiven und objectiven Idealismus in Einem, zur Philosophie, deren letztes Ziel das durch fortschreitendes Denken vermittelte Selbstbewusstsein des absoluten Geistes ist.

Das Denken ist im Grunde das alleinige, dessen wir uns bewusst werden, das Sein selbst kommt nicht unmittelbar in unser Bewusstsein. Die **Nothwendigkeit** des Denkens ist für uns die einzige Vermittelung zwischen Denken und Sein; nur dasjenige ist, was mit Nothwendigkeit gedacht wird. Das Denken muss mit einem nothwendig zu setzenden Begriff überhaupt beginnen, in nothwendiger Folge diesen Begriff entwickeln, die nothwendig daraus abgeleiteten Begriffe wiederum mit strenger Consequenz entwickeln und so fort. Alles was auf dies Weise gedacht wird, ist Wahrheit, hat Realität, es entspricht ihm das Sein. Durch diese streng logische Fortschreitung im Denken, gelangt der Geist zum Bewusstsein des Seins. [Es ist aber hierbei im Voraus zu bemerken, dass wesentliche Principien der Logik, wie dieselbe vor *Hegel* allgemein in Gebrauch war, von *Hegel* verworfen worden sind, dass er **also die Logik selbst umgestaltet hat.**]

„**Die Phänomenologie des Geistes**", ein Werk, welches *Hegel* als seine Entdeckungsreisen bezeichnete, veröffentlichte derselbe im Jahre 1807. In diesem Werke wird von *Hegel* das Zustandekommen der Wissenschaft überhaupt, oder die allmählige Entwicklung des Bewusstseins dargestellt. Er beginnt mit der Betrachtung der sinnlichen Gewissheit in der Anschauung der Einzeldinge. Aus der Anschauung des Besondern entsteht die Wahrnehmung des Allgemeinen im Besondern, und zwar des Allgemeinen als eines Gedankendinges. Die All-Kraft, welche im Besondern erscheint, welche in Entgegensetzungen sich realisirt, verliert in ihrer Realisirung ihre Realität, ihre wahre Natur, und die Wahrheit dieser Kraft bleibt nur der Begriff derselben, in welchem die Gegensätze noch nicht heraus getreten sind. Der Verstand wird durch die Erscheinung des Dinges auf das übersinnliche Sein geleitet, aber das Innere des Dinges, dieses übersinnliche Sein, kommt nicht zum Bewusstsein; es ist die Erscheinung für den Verstand ein Leeres; dieser findet im All nur sein eigenes Wesen, nur ein leeres ruhiges Reich von Gesetzen: die erste Erscheinung der Vernunft. „Hinter dem sogenannten Vorhange, welcher das Innere verdecken soll, ist nichts zu sehen, wenn wir nicht selbst dahinter gehen, ebenso sehr damit gesehen werde, als, dass etwas dahinter sei, das gesehen werden könne".

Gesetz und Kraft sind Eins, sowie Begriff und Sein Eins sind; der Unterschied wird nur vom Verstande gedacht. Das Gesetz ist das Bleibende in der Veränderung, die Kraft ist die Veränderung im Bleibenden. Wo sich aber etwas verändert, muss auch Etwas bleiben, und wo Etwas bleibt, muss sich Etwas verändern. Die Nothwendigkeit dieses Gedankens vereinigt Gesetz und Kraft im Begriff, und nur in der Aeusserung des Begriffs zur Wirklichkeit sondern sich diese beiden Momente. Die Entgegensetzung der Momente im Begriff ist Grund und Ursache des Bewusstseins des Begriffs, die Entgegensetzung des Bewusstseins und der Erscheinung als des Gegenstandes des Bewusstseins erhebt das Bewusstsein zum

Selbstbewusstsein. Mit dem Selbstbewusstsein treten wir in das einheimische Reich der Wahrheit ein, denn im Selbstbewusstsein ist die Uebereinstimmung des Denkens mit dem Gedanken, und diese Uebereinstimmung ist die Wahrheit.

Im Vorstellen ist das Ich nicht frei, im Denken wird es frei; im Vorstellen bestimmt mich das Object, im Denken bestimme ich dasselbe, denn das Denken denkt den Begriff, der Begriff aber ist nicht anders als mein, und mein Denken, meine Bewegung in Begriffen ist eine Bewegung in mir selbst. Dieses Selbstbewusstsein ist im Stoicismus die einfache Freiheit seiner selbst, es ist aber dieses freie Denken ein inhaltsloses Denken, es ist die Sichselbstgleichheit des Denkens, es hat nur die Form des Denkens selbst als Inhalt. Das hierin liegende negative Element tritt im Skepticismus selbstständig auf, kehrt sich gegen das Denken selbst und entzweit das Bewusstsein, ohne aus dieser Entzweiung, in welcher die That und das Wort in Widerspruch sind, wieder zur Identität durchzudringen. Das „unglückliche Bewusstsein" des Skepticismus ist aber nur eine That des Verstandes.

Die Vernunft ist die Gewissheit des Bewusstseins, dass sie selbst alle Realität sei. Sie hat dieses Bewusstsein ursprünglich, aber sie vergisst es und gelangt nur allmälig durch fortschreitende Reflexion wieder zu demselben. Es ist dies Bewusstsein die erste positive That des Selbstbewusstseins. Als „Ich" ist aber die Vernunft noch nicht die Realität in voller Wahrheit; sie soll jedoch ihre Gewissheit jenes Bewusstseins zur Wahrheit führen, sie soll das leere „Mein" erfüllen. Die Vernunft beobachtet nun sich selbst in der Natur und im Geiste. Sie findet in der Materie der Natur „nicht ein seiendes Ding, sondern das Sein als allgemeines oder in der Weise des Begriffs." Sie findet in der gesammten Natur das Organische und im Organischen die Realisirung eines Begriffs. Sie findet im Leben den Gegensatz des Individuums und der Gattung und im Zusammenschluss beider den Begriff des Allgemeinen im Besonderen und des Besonderen im Allgemeinen realisirt. Die Vernunft wiederholt in freier That die Anschauung der sinnlichen Gewissheit und der Gesetzlichkeit des Verstandes, und sie erhebt Dasjenige, was durch Sinnlichkeit und Verstand in das Bewusstsein gelangt, zur Einheit mit der nothwendigen Entwickelung des Begriffs in sich selbst.

Die thätige Vernunft beginnt mit dem Bewusstsein ihrer Individualität und geht dann in das Bewusstsein der allgemeinen Vernunft über. So gründet die Vernunft das Reich der Sittlichkeit und ihre selbstständige Wirklichkeit. Die sittliche Substanz ist in der Abstraction der Allgemeinheit das „gedachte Gesetz", welches im unmittelbar wirklichen Selbstbewusstsein als „Sitte" existirt. „Die Vernunft ist als die flüssige allgemeine Substanz, als die unwandelbar einfache Dingheit vorhanden, welche eben so in viele vollkommen selbstständige Wesen, wie das Licht in Sterne als unzählige für sich leuchtende Punkte zerspringt." Das Selbstbewusstsein muss den Standpunkt erreichen, als sittliche Substanz der Geist allgemein zu sein. Die Nothwendigkeit der Vernunft und die Willkühr der Lust, das Gesetz des Herzens und der Wahnsinn des Eigendünkels, die Tugend und der Weltlauf, diese Gegensätze gründen sich in der starren Trennung der Individualität gegen das Allgemeine. In den Gegensätzen selbst ist aber die Wahrheit nicht enthalten, diese besteht nur im Zusammenschluss der Gegensätze in Einem. Die Individualität will um ihrer selbst willen handeln, aber sie betrügt sich selbst, sie handelt dennoch für das Allgemeine; denn dasjenige, was in ihr erscheint, hat eben sein Wesen im Allgemeinen. Zu diesem Bewusstsein muss die Individualität durchdringen, zu dem Bewusstsein, dass das geistige Wesen die sittliche Substanz, der Geist selbst aber die sittliche Wirklichkeit ist.

Die sittliche Welt öffnet sich uns im Leben der Familie, in der Gliederung des Gemeinwesen und in der Organisation des Staates. Der Geist geht aus der äussern Welt, welche ihm entfremdet ist, durch die reine Einsicht in das Gesetz der geforderten Vernünftigkeit, durch Aufklärung über sein eigenes Wesen zur absoluten Freiheit, zur Moralität, zur Religion über. Er gewinnt die Anschauung des gestaltenden reinen Lichts, die Anschauung der Geisteratome in der Pflanze und im Thier, die Anschauung des erscheinenden Geistes in der Unschuld der Blumenreligion und in der Religion der Thierwelt, die Anschauung des instinctmässig wirkenden Kunsttriebes, welcher sich durch verschiedene Stadien zum lebendigen und geistigen Kunstwerk emporarbeitet; er gewinnt die Anschauung der dem Menschengeist offenbar gewordenen Religion des Absoluten, welches sich selbst im Menschen als absoluter Geist weiss. Der Geist erinnert sich, wie er an sich selbst ist, und wie die Organisation des Geisterreichs im Selbstbewusstsein der Idee des Absoluten sich vollendet.

Die Phänomenologie bildet nur einen vorbereitenden und einleitenden Theil zu dem System der Philosophie selbst. In übersichtlicher Weise ist dieses System von *Hegel* in einer Encyclopädie veröffentlicht worden. Es enthält dieselbe drei Theile: 1) die Wissenschaft der Logik, 2) die Philosophie der Natur und 3) die Philosophie des Geistes.

Diese Dreitheilung entspricht der Methode des *Hegel*'schen Philosophirens überhaupt, nach welcher stets: Satz und Gegensatz aufgestellt und dann in einem Dritten vereinigt werden. Der Zusammenschluss wird deshalb als nothwendig betrachtet, weil, wie später nachgewiesen werden soll, überhaupt stets Satz und Gegensatz ursprünglich in Einem waren, und weil nur erst durch das Hervortreten der Gegensätze zur Wirklichkeit, die ursprüngliche Einheit der Gegensätze zurückgetreten ist. Der Begriff wird analysirt, die durch die Analyse sich herausstellenden Momente werden erfasst und dann synthetisch wieder vereint.

Die Logik behandelt die Idee an und für sich als rein stofflosen Gedanken; die Naturphilosophie behandelt die Idee in ihrem Anderssein, als den Gedanken, welcher die Natur als Gegenstand, d. i. als ihm selbst Gegenüberstehendes, hat; die Philosophie des Geistes behandelt die Idee in ihrer Rückkehr vom Anderssein zu sich selbst, als den Gedanken der in seinem Gegenstand sein eigenes Wesen, seine eigene That, also sich selbst wiederfindet.

Die Wissenschaft der Logik, der erste Theil im System der Philosophie, betrachtet das Denken in seiner Thätigkeit, in seinem Produciren; ihr Inhalt ist die übersinnliche Welt und die Beschäftigung mit der Logik ist das Verweilen in dieser Welt, die Logik ist daher mit der Metaphysik, welche die Dinge in Gedanken fasst, verschmolzen.

Das Denken ist eine allgemeine Thätigkeit, das Denken als Subject ist „Ich" Das Denken erscheint im „Ich" als ein Vermögen neben der Sinnlichkeit, der Phantasie, dem Begehren u. s. w.; es ist ein Nachdenken und zwar nach der Empfindung, der Anschauung, der Vorstellung. Das Denken verändert den Inhalt der Empfindungen, der Anschauung, der Vorstellung, so dass dadurch das Wahre, das Allgemeine, die Natur des Dinges, das Innere der objectiven Welt, zum Bewusstsein kommt. In der bewusstlosen Natur ist die Intelligenz erstarrt; Verstand und Vernunft sind in derselben, aber nur als objective Ideen, gleichsam versteinert; das Denken bringt erst geistige Regsamkeit und Leben in diese objectiven Ideen.

Alle Denkbestimmungen, welche einen irgendwie beschränkten Gegenstand enthalten, beziehen sich auf das endliche Denken, auf den Verstand. Das unendliche oder speculative Denken hingegen ist That der Vernunft. Die vormalige falsche Metaphysik war blose Verstands-Ansicht von Vernunft-Gegenständen. Der Verstand stellt das „Entweder — Oder" und in demselben für ihn unüberwindbare Gegensätze auf; die Vernunft muss das, was der Verstand auf diese Weise als Entgegengesetztes fixirt hat, überwinden. Die metaphysischen Ideen der Ontologie, der Psychologie, der Kosmologie und der Theologie, sind sämmtlich für das endliche Denken des Verstandes unfassbar, sie passen nicht für und in die Denkbestimmungen des Verstandes, weil sie den Charakter des Unbeschränkten, des Unendlichen in sich haben; nur durch die That der Vernunft gelangen dieselben zur Gewissheit im Selbstbewusstsein.

Das alltägliche Thun und Treiben des gewöhnlichen Bewusstseins geht geradezu an die Gegenstände, und glaubt dass dasjenige, was die Gegenstände sind, vor das Bewusstsein gebracht werde. Die Denkbestimmungen werden ohne weiteres für Grundbestimmungen der Dinge gehalten. Das Bewusstsein auf diesem Standpunkte erblickt die Widersprüche nicht, die es in sich trägt, und es ist in dieser Unklarheit in Frieden mit sich selbst. Es besitzt auch metaphysische Ideen, aber diese haben den Charakter des Dogmatismus, d. h. sie sind ohne Kritik, ohne den Nachweiss ihrer Zulässigkeit in das Bewusstsein aufgenommen worden.

Der **Empirismus** erklärt die metaphysischen Ideen für Nebelgestalten und sucht das Wahre einzig und allein in der Erfahrung der äusseren und inneren Gegenwart. Er ist aber in seinem Denkverfahren selbst metaphysisch ohne es zu wissen: er setzt ja voraus, dass in seinem Denken das Wahrhaftige der Dinge liege. Sein Inhalt ist Materialismus, und doch ist die Materie als solche selbst wiederum eine reine Abstraction.

Der **Skepticismus**, welcher eine Folge des Empirismus ist, läugnet entweder nur die objective Wahrheit aller allgemeinen Bestimmungen und Gesetze des Verstandes, oder er läugnet zugleich die Wahrheit aller sinnlichen Anschauungen und Wahrnehmungen. Dieser endet in Nihilismus: es verflüchtigt sich Alles zu Nichts. Er ist aber selbst dogmatisch in seinen Behauptungen, durch welche er den Dogmatismus vernichten will; er ist ein offenbarer Widerspruch in sich selbst.

Die **kritische Philosophie** macht die Denkbestimmungen selbst zum Gegenstande des Erkennens, aber sie zeigt nicht die Nothwendigkeit derselben auf, sondern sie betrachtet dieselben nur im Gegensatz der Subjectivität und Objectivität; sie nimmt einseitig die Gesammtheit der Erfahrung in sich auf, und stellt derselben das leere „Ding an sich" gegenüber. Die *Kant*'sche Philosophie ist Dualismus: die eine Seite desselben ist die Welt der Wahrnehmungen und des über sie reflectirenden Verstandes, die andere Seite desselben ist die Selbstständigkeit des sich erfassenden Denkens, das Princip der Freiheit, welches sie mit der vormaligen, gewöhnlichen Metaphysik gemein hat, aber alles Inhaltes entleert und ihm keinen wieder zu verschaffen vermag. In letzterem ist aber die Unabhängigkeit der Vernunft, mit Abweisung alles dessen, was den Charakter der Aeusserlichkeit hat, es ist die absolute Selbstständigkeit der Vernunft zum allgemeinen Princip der Philosophie erhoben.

Die objectiven Ideen werden aber auch als in **unmittelbarem Wissen** auflebend betrachtet; es wird das unmittelbare Wissen derselben als eine Thatsache behauptet. Es liegt hierin die Anerkennung der Einheit der Idee mit dem Sein. Aber das unmittelbare Wissen schliesst die Vermittelung nicht aus, das gegenwärtige unmittelbare Wissen kann das Produkt und das Resultat von früher vollbrachtem vermittelten Wissen sein. Das abstracte Denken, die Form der reflectirenden Metaphysik und das abstracte Anschauen, die Form des unmittelbaren Wissens, sind **eines und dasselbe**.

Die Erfassung des Wahren liegt weder in einseitiger Vermittelung, noch in einseitiger Unmittelbarkeit. Die Logik und die ganze Philosophie liefern das Beispiel eines Erkennens mit Vermeidung dieser Einseitigkeiten: durch allmäliges Fortschreiten des Denkens gelangte das Absolute in uns zum Selbstbewusstsein, zum unmittelbaren Anschauen seiner selbst.

Die **Logik** hat die drei Momente: Abstraction, Dialektik und Speculation, und besteht aus der Lehre vom Sein, vom Wesen und von dem Begriff und der Idee.

Die **Abstraction** ist die That des Verstandes, welcher trennt, unterscheidet und bestimmt.

Die **Dialektik** ist die That der negirenden Vernunft, indem dieselbe die Einseitigkeit und Beschränktheit der Verstandsbestimmungen erkennt und als nichtige darstellt.

Die **Speculation** ist die That der Vernunft, welche Inhalt setzt, indem dieselbe die vom Verstande fixirten Gegensätze vereinigt und dadurch concrete Gedanken erzeugt.

Die Lehre vom **Sein**, der erste Theil der Logik, ist zugleich die Lehre vom Begriff an sich, nicht von einem abgeleiteten begrenzten Begriff, sondern von dem Begriff in seiner Unmittelbarkeit und Allgemeinheit, von dem Begriff selbst, als solchem. Der allgemeine Begriff „Sein" ist nothwendig am Anfang zu setzen, denn er liegt Allem zu Grunde, er durchdringt Alles und er ist der einfachste: er enthält keinen andern Begriff in sich, er hat keinen andern Begriff als nothwendige Voraussetzung. Das reine inhaltslose Sein, das Erste von Allem, ist die reine Abstraction, welche von allem Inhalt absieht, es ist die absolute Negation des bestimmten, concreten Daseins, es ist das unbestimmte, schlechthin form- und inhaltslose „Ding an sich", es ist die absolute Indifferenz, die absolute Identität mit sich selbst, und indem es die absolute Negation aller Bestimmtheit ist, ist es „Nichts"; der Unterschied von Nichts und Sein ist eine blosse Meinung; im Begriffe des reinen Seins ist zugleich der Begriff des Nichts enthalten, als der mit dem Satz zugleich nothwendig im Begriff vorhandene Gegensatz. Im Uranfänglichen ist in Indifferenz Sein und Nichts dasselbe. Dies klingt für den Verstand paradox, aber das „Werden", welches seine Wirklichkeit im Leben und im Geiste findet, ist das Resultat von Sein und Nichts als die Einheit derselben; denn das Werden ist die Unruhe des Seins und Nichts in sich, und es ist der erste concrete Gedanke; Sein und Nichts sind nur leere Abstractionen.

Das **Werden** enthält die Momente Sein und Nichts, das Resultat des Werdens ist Sein mit Negation, mit Begrenzung, mit Bestimmtheit, d. i. bestimmtes Sein, Dasein, Realität, Ansichsein, Etwas, Eins. Das Einssein ist ein Fürsichsein in seiner Unmittelbarkeit, es ist Attraction in sich selbst und Repulsion gegen Anderes. Jedes Endliche ist zugleich ein Etwas und ein Anderes, und es ist dadurch, dass es das Andere eines Anderen ist, ein Etwas, ein Fürsichsein, und indem es ein Fürsichsein ist, ist es ein Anderes in Bezug auf ein anderes Fürsichsein. Das nach seiner **Qualität** bestimmte Sein ist Dasein, Etwas; das Sein nach seiner **Quantität** begrenzt, ist extensive Grösse und intensiver Grad. Das **Maass** vereinigt Qualität und Quantität in sich. Das endliche Bewusstsein erfasst jedes Etwas nach Qualität, Quantität und Maass.

Die logische Entwickelung des Begriffs ist zugleich die Enthüllung der metaphysischen Grundanschauungen.

Die Lehre vom Wesen, der zweite Theil der Logik, ist zugleich die Lehre von dem Fürsichsein und dem Scheine des Begriffs, von dem Gedanken in seiner Reflexion, in seiner Mittelbarkeit. Im Sein ist Alles unmittelbar, im Wesen ist alles Beziehung. Das Wesen ist Sein als Scheinen in sich selbst. Wie mit dem Sein zugleich das Nichts auftritt, so tritt im Wesen zugleich das Positive und Negative auf. Das Positive ist das Wesen in der Identität mit sich selbst, das Negative ist das Wesen insofern es nicht ein Andres ist.

Der Standpunkt des Wesens ist der Standpunkt der Reflexion. Das Wesen, Gewesen, ist das aufgehobene, d. i. negirte und zugleich reservirte Sein. Das Wesen ist der Grund der Existenz. Der Grund enthält in sich vereint das Eine und sein Andres; er ist die Einheit der Identität und des Unterschiedes; er ist die Reflexion in sich und zugleich die Reflexion in Andres, er ist das Wesen als Totalität gesetzt. Im Grunde ist die Ursache und die Wirkung noch vereint, mit ihrer Trennung, tritt heraus, d. h. kommt zur Existenz: das Ding. Das Ding ist ein bestimmtes, concretes Etwas. Die Bestimmtheiten des Dinges sind seine Eigenschaften.

Das Ding zerfällt in Materien und Form. Die Materien sind die Qualitäten des Dinges, die Bestimmtheiten desselben, und zwar in ihrer innern Reflexion in sich selbst. Die Form ist die äusserliche Beziehung der Bestimmtheiten zu einander, sie ist die Reflexionsbestimmung des Unterschiedes der Bestimmtheiten als Totalität, sie ist die Reflexion in Andres. Das Ding ist die äusserliche Verknüpfung der Qualitäten, wodurch und worin die verschiedenen Bestimmtheiten Einheit erhalten.

Das Wesen erscheint, es existirt in der Erscheinung. Das Wesen ist in der Erscheinung, nicht hinter oder jenseits derselben. Die Erscheinung stellt das Innere dar. Die Wirklichkeit ist die Einheit des Innern und Aeusseren, sie ist die Kraft in ihrer Aeusserung. Nur der Verstand trennt Inneres und Aeusseres, hebt die Totalität und Einheit von Innerem und Aeusserem auf.

Die Substanz ist die Gesammtheit der Accidentien, die absolute Macht der Manifestation derselben, des Hervortretens derselben in Gegensätzen. In ihr liegt der Grund der Ursachlichkeit. Die Substanz als Ursache wirkt auf eine andere Substanz, welche ebenfalls Ursache ist und als Ursache wirkt. So entsteht die Wechselwirkung. Die Wechselwirkung ist das vollständig entwickelte Causalitätsverhältniss, sie ist die enthüllte Nothwendigkeit, und die Wahrheit dieser Nothwendigkeit ist die Freiheit; denn jede Substanz wirkt durch die andere Substanz auf sich selbst, bestimmt dadurch sich selbst durch das Andere, und hat die Ursache ihrer Bestimmung, welche im Andern zu liegen scheint, in sich selbst.

Sein und Wesen gehen in den Begriff als in ihren Grund zurück; das Sein und das Wesen sind Momente des Begriffs, und beide heben sich gegenseitig auf im Begriff.

Die Lehre vom Begriff, der dritte Theil der Logik, ist die Lehre vom Gedanken in seinem Zurückgekehrtsein in sich selbst. Der Begriff ist zu betrachten 1) als subjectiver oder formeller Begriff, 2) in seiner Objectivität und 3) als Idee, als Subject-Object, als absolute Wahrheit.

An dieser Stelle des fortschreitenden Denkens beginnt die gewöhnliche Logik.

Der subjective Begriff als solcher enthält die Momente der Allgemeinheit, Besonderheit und Einzelnheit; diese sind abstract genommen dasselbe, was Identität, Unterschied und Grund. Das Einzelne ist das Wirkende, das Wirkliche, es ist das Subject. Der subjective Begriff als „das Absolut-Concrete ist der Geist, d. i. der Begriff, insofern er als Begriff, sich unterscheidend von seiner Objectivität, die aber des Unterscheidens unerachtet, die seinige bleibt, existirt." Das Einzelne und das Besondere sind im Allgemeinen enthalten. Der Geist als „Ich" ist in der Totalität des freien Geistes als in seinem Allgemeinen inbegriffen.

Das Urtheil ist eine ursprüngliche Theilung: es ist die Unterscheidung des Besondern und Einzelnen im Allgemeinen. Im Urtheil wird das Allgemeine vereinzelt. Jedes Ding ist ein Urtheil, eine Vereinzelung des Allgemeinen, aber in der Vereinzelung mit dem Allgemeinen identisch.

Der Schluss ist die Einheit des Begriffs und des Urtheils, der wesentliche Grund alles Wahren; er ist das Vernünftige und Alles Vernünftige. Der Schluss bildet einen Kreislauf in den auseinandergetretenen Begriffs-Momenten, er setzt dieselben als Eines durch das Zusammenkommen des Subjects mit sich selbst mittels der Aufhebung der Vermittelung.

Der Begriff in seiner Objectivität hat vollständige Selbstständigkeit in sich selbst. Object ist ein in sich concretes, vollständiges, selbstständiges Dasein. Dass das Object auch Gegenstand und einem Andern Aeusseres ist, dies wird es nur im Gegensatz zum Subjectiven. Die Trennung zwischen Subjectivem und Objectivem ist eine That des Verstandes; die Wissenschaft soll durch speculatives Denken diesen Gegenstand überwinden.

Die Objectivität des Begriffs ist als Mechanismus, Chemismus und Zweckbeziehung vorhanden.

Im Mechanismus ist der Begriff der äusserlichen Beziehung realisirt; die Objecte erscheinen als ein Zusammengesetztes, wobei dieselben in der Unselbstständigkeit noch selbstständig verharren und sich äusserlich Widerstand leisten. Es ist dies die niedrigste Stufe in der Entwickelung der gegenständlichen Natur wie in der geistigen Welt.

Im Chemismus realisirt sich der Begriff: durch ein neutrales Produkt die bestimmten Eigenschaften, die die Extreme der Objecte gegen einander halten, aufzuheben. Auf dieser zweiten Stufe ist das Herüber- und Hinübergehen von einer Form zur andern der Process der Vereinigung. Das Neutrale ist ein Trennbares.

In der **Zweckbeziehung** realisirt sich der Begriff der Aufhebung der ideellen Realität des Objectiven und der Vereinigung des Objectiven mit dem Subjectiven. Der Zweck-Begriff erhebt sich zur Idee, der an sich seienden Einheit des Subjectiven und Objectiven als einer für sich seienden. Er überschreitet hierbei die Stufe des subjectiven Zweckes, welcher das Allgemeine besondert und zum Inhalt macht, die Stufe des Zweckes als eine Macht über das Object, wobei das Object als Mittel erscheint, und gelangt bis zu dem realisirten Zweck, welcher selbst Object wird, welches selbst wieder Material und Mittel ist für andere Zwecke und so fort in's Unendliche.

Die **Idee** ist das Wahre an und für sich, die absolute Einheit des Begriffes und der Objectivität. „Alles Wirkliche, insofern es wahr ist, ist Idee, und hat seine Wahrheit allein durch die Idee und kraft der Idee." Die Idee ist nicht das Abstracte, sondern sie ist wesentlich concret, weil sie der freie, sich selbst und hiermit zur Realität bestimmende Begriff ist. Die Idee ist die Vernunft, Subject-Object, Einheit des Ideellen und Reellen, des Endlichen und des Unendlichen, der Seele und des Leibes, die „Möglichkeit, die ihre Wirklichkeit an ihr selbst hat", sie ist dasjenige, dessen Natur nur als existirend begriffen werden kann.

Der **Verstand** zeigt Alles, was von der Idee ausgesagt wird, als widersprechend an. Der Verstand fasst die Extreme der Idee in ihren Abstractionen. Er hält seine Reflexion über die Idee für eine äusserliche, während dieselbe doch wesentlich in die Idee fällt, indem die Idee in sich selbst das Anschauen ihrer selbst im Andern nothwendig hat. Die Idee ist wesentlich Process, und als Process ist sie das Leben, das Erkennen, und durch diese die Rückkehr der subjectiven zur absoluten Idee.

Das **Leben** ist die unmittelbare Idee; der Begriff ist als Seele in einem Leibe realisirt.

Das **Erkennen** ist das Urtheil, in welchem die Idee sich von sich abstösst, sich selbst zum Gegenstand macht, ein äusserliches, ihr fremdes Universum voraussetzt und darauf zielt, diesen nichtigen Gegensatz auch als nichtig zu erfassen, die seiende Welt in das subjective Vorstellen und Denken als Inhalt in sich aufzunehmen. Dies ist die **theoretische** Thätigkeit der Idee. Die **praktische** Thätigkeit derselben bezweckt durch das Innere des Subjectiven die objective Welt zu bestimmen, ihr dasselbe einzubilden. „Jenes ist der Trieb des Wissens nach Wahrheit, das Erkennen als solches; dieses ist der Trieb des Guten zur Vollbringung desselben, das Wollen."

Die **absolute Idee** ist die Einheit der subjectiven und objectiven Idee, die Einheit des Erkennens und des Lebens. Die sich selbst denkende Idee ist die absolute und alle Wahrheit. Für sich ist die absolute Idee die reine Form des Begriffs, die ihren Inhalt als sich selbst anschaut. Dieser Inhalt ist das System des Logischen. Die Form ist die Methode dieses Inhalts, die Methode im System des Logischen. Der Anfang in der logischen Entwickelung ist das Sein, das Unmittelbare, das Allgemeine, das Sichselbstbestimmen der Idee, der Begriff an sich, der noch nicht als Begriff gesetzt ist, weil nichts da ist, was ihn setzen könnte, der Begriff noch selbst ohne Bezeichnung „objectiver Begriff", weil ihm noch kein Subject gegenübersteht. Der Fortgang ist das gesetzte Urtheil der Idee, das Scheinen im Entgegengesetzten, die Besonderung des Einzelnen im Allgemeinen, das Werden, der Begriff in seinem Fürsichsein, der unendliche Process der Natur. Der Schluss ist das Verschwinden des Scheins, das Sichselbsterkennen der Idee in ihrer Totalität und Freiheit.

Die Philosophie der Natur, der zweite Theil im System der Philosophie, ist begreifende Betrachtung der Natur; sie hat das Allgemeine zum Gegenstande, welches aber bereits in Gegensätzen herausgetreten ist und in Besonderheiten erscheint. Sie betrachtet in der Natur den Gegenschein der Idee, indem sie durch fortgesetzte Entwickelung des Begriffs, wie dieselbe durch das logisch fortschreitende Denken erfolgt, die Nothwendigkeit des unendlichen Processes der Natur als in ihr selbst bedingt aufzeigt.

Die Natur ist die Idee in ihrer Aeusserlichkeit, in ihrem Gegensatz, in ihrem Abfall von sich selbst, und deshalb zeigt sie nicht Freiheit, welche der Idee an sich zukommt, sondern Nothwendigkeit und Zufälligkeit. Sie ist der unaufgelöste Widerspruch. Nur dem sinnlichen Bewusstsein erscheint die Natur als das Erste, das Unmittelbare, das Seiende. Die Natur ist ohne Macht, die Begriffsbestimmungen nur abstract und rein zu erhalten; sie setzt daher der Philosophie Grenzen; diese kann die Zufälligkeiten und die Ordnungslosigkeit, welche sie in der von der Idee abfälligen Natur vorfindet, nicht begreifen. Die Idee durchläuft in der Natur einen Stufengang, um von ihrer Aeusserlichkeit, von ihrem Tode, zum Leben zurückzukehren und zur Existenz des Geistes, zur wahren Wirklichkeit der Idee zu gelangen.

Die Idee als Natur, also im Verlust ihrer Allgemeinheit, Unendlichkeit und Freiheit, ist bestimmt als Vereinzeltes, Besondertes und Subjectives. Sie ist in der Bestimmung der Vereinzelung **Mechanik**, in der Bestimmung der Besonderheit **Physik**, und in der Bestimmung der Subjectivität **Organik**.

Die Mechanik enthält die Betrachtungen über Raum und Zeit, über Materie und Bewegung, und über die Materie in der Annäherung zur freien Bewegung in systematischer Gliederung. Die Mechanik realisirt den Begriff der quantitativen Vereinzelung in ideellen Vereinigungen. Raum und Zeit sind das abstracte Auseinander. Der Raum ist das ideelle Nebeneinander und continuirlich, ohne Unterschied in sich. ˋDie Zeit ist gleichfalls ein Abstractes, Ideelles, „sie ist die negative Einheit des Aussersichseins". Die Zeit ist continuirlich, wie der Raum, in der Abstraction „der sich auf sich beziehenden Negativität" ist noch kein reeller Unterschied. Der Raum kann als abstracte Objectivität, die Zeit als abstracte Subjectivität aufgefasst werden. Der Ort ist die räumliche Einzelnheit als räumliches Jetzt; er ist die gesetzte Identität des Raumes und der Zeit. Das Vergehen und Sichwiedererzeugen des Raumes in Zeit und der Zeit im Raum ist die Bewegung. Die unmittelbar identisch daseiende Einheit beider ist die Materie. „Der Uebergang von der Idealität zur Realität, von der Abstraction zum concreten Dasein, hier von Raum und Zeit zu der Realität, welche als Materie erscheint, ist für den Verstand unbegreiflich, und macht sich für ihn daher immer äusserlich und als ein gegebenes." Es kann in mechanischen Wirkungen die Idealität die Stelle der Realität vertreten und umgekehrt. „Beim Hebel vertritt die Entfernung die Masse und ein Quantum vom ideellen Moment bringt dieselbe Wirkung hervor als das entsprechende Reelle." In der Grösse der Bewegung vertritt ebenso die Geschwindigkeit, welche das quantitative Verhältniss von Raum und Zeit ist, die Masse, und erzeugt dieselbe reelle Wirkung. „Ein Ziegelstein für sich erschlägt einen Menschen nicht, sondern bringt diese Wirkung nur durch die erlangte Geschwindigkeit hervor, d. i. der Mensch wird durch Raum und Zeit todtgeschlagen."

Die Materie ist in Identität mit sich, sie hält sich zwar auseinander durch die Vereinzelung, aber sie ist hierin continuirlich. Die nothwendige Spaltung des Begriffs in Vereinzelung und Continuation macht die Existenz der Repulsion und der Attraction nothwendig. Die Schwere ist das Insichsein der Materie, sie ist von der Attraction wesentlich verschieden. Die Materie ist selbst schwer, es ist das Streben nach einem ausser der materiellen Einzelheit fallenden Mittelpunkte. Die Materie hat ihren Mittelpunkt noch ausser sich, sie ist noch nicht Subjectivität an ihr selbst. Die Materie hat nur quantitative Unterschiede, sie besondert sich zu Massen, zu Körpern. Die Körper als Materien sind an sich träge, die Bewegung ist ihnen nur äusserlich durch das ausser ihnen liegende Centrum, zu welchem die Körper streben. Hierauf gründen sich Stoss, Druck, Fall. Der Fall ist die relativ-freie Bewegung, sie ist dem Körper immanent als Erscheinung der eigenen Schwere, aber die Entfernung vom Centrum ist noch dabei die äusserlich gesetzte zufällige Bestimmung. Es ist hierin nur der Uebergang zur absolut freien Bewegung im geschlossenen System.

Die absolut freie Bewegung, die Grundlage der absoluten Mechanik realisirt sich in einem System von Körpern mit Centrum, Centripetal- und Centrifugalkraft. Diese Kräfte sind aber nicht als selbstständige Kräfte und als in einem Dritten, im Körper, zusammentreffend zu betrachten, sondern wie der Begriff der Schwere die Momente der Vereinzelung und der Continuität enthält, welche sich in Repulsiv- und Attractivkraft realisiren: so ist auch ein Begriff zu setzen, welcher die Momente in sich enthält, die sich als Centripetal- und Centrifugalkraft realisiren.

Auf der Stufe, auf welcher die Substanz der Materie, nämlich die Schwere in die Gesammtheit eines Systems übergegangen ist, und sich zur Totalität der Form entwickelt hat, ist die Trennung der Form von der Materie nur ideell; die Form geht in die Materie über, die Form ist materialisirt. Die Materie hingegen ist aus ihrem abstracten dumpfen Insichsein, als schwer überhaupt, in die Form übergegangen, sie hat Bestimmtheiten, Qualitäten, angenommen, sie ist qualificirte Materie geworden. Die Physik, die zweite Abtheilung der Naturphilosophie, behandelt die Individualität, das Fürsichsein der Materie in ihr selbst, wodurch die Materie „an ihr selbst bestimmt ist und zwar als allgemeine, besondere und totale freie Individualität." Während die Mechanik die Quantitäten in den Vereinzelungen und Verbindungen betrachtet, hat die Physik die Qualitäten in ihren Sonderungen und Verschmelzungen der Betrachtung zu unterwerfen. „Das immanente Philosophische ist hier wie überall die eigene Nothwendigkeit der Begriffsbestimmung, die alsdann als irgend eine natürliche Existenz aufzuzeigen ist."

Der Begriff der allgemeinen Individualität tritt auch in den freien physischen Qualitäten auf: im Licht mit seinem Gegensatze, nämlich der Finsterniss, welche aber erst als physische individualisirte Körperlichkeit reell wird. Das Licht ist die Reflexion der Materie in sich, das existirende allgemeine Selbst der Materie. Die Gegensätze gegen die abstract-identische Idealität des Lichts sind die starren lunarischen Körper und die in der Auflösung befindlichen kometarischen Körper.

Die Starrheit in reale Unterschiede aufgeschlossen erscheint im Planeten, also auch in der Erde. Die Elemente des Körperlichen, die reale noch nicht zur chemischen Abstraction verflüchtigte Materie, sind die Luft, die negative Allgemeinheit, welche alles Individuelle in sich verflüchtigt, das Feuer, welches das Andere und sich selbst verzehrt und so in Neutralität übergeht, das Wasser, welches die Form der Bestimmungslosigkeit ist, und die Erdigkeit, welche die übrigen Elemente zusammenhält und dieselben zum Process anfacht. Der Kampf der Elemente ist die Dialektik der Physik. Dieser Process der Erde wird durch ihr allgemeines Selbst, durch die Thätigkeit des Lichts fortdauernd erregt. Das eine Moment dieses Processes ist darauf gerichtet, die Erde so wohl zu einem starren Krystall als auch zu einem gestaltlosen Flüssigen zu machen, das andere Moment desselben geht gegen das „Fürsichsein" zur Vernichtung der Besonderheiten, wodurch die Verknüpfung sich herstellt, und die Erde eine reelle und fruchtbare Individualität wird.

Der Begriff der besonderen Individualität äussert sich in der specifischen Schwere, im specifischen Insichsein des selbstischen Materiellen, als Adhäsion und Cohäsion mit ihren Gegensätzen, nämlich mit dem Klange als dem innern Erzittern der Körper und mit der Wärme, welche die Cohäsion realiter aufhebt.

Der Begriff der totalen Individualität realisirt sich im Magnetismus in der Electricität und im chemischen Process. Magnetismus und Electricität zeigen deutlich die Einheit von Gegensätzen im Begriff.

Die Thätigkeit der Form ist keine andere als die Thätigkeit des Begriffs überhaupt, nämlich: das Identische different und das Differente indentisch zu setzen. — Der individuelle Körper ist physische Totalität; er ist Subject mit Prädicaten. Der Körper steht im Verhältniss zu den elementaren physischen Qualitäten, er wird vom Licht erhellt. Die Körper verflüchtigen sich in Verbindung mit den Elementen Luft und Wasser zum Geruch und Geschmack. Die ganze Körperlichkeit geht in den Process ein, welcher zugleich das Werden des individuellen Körpers ist. Der formelle Process erzeugt eine Verbindung von Verschiedenem, der reale Process erzeugt die Einheit von Extremen. Im Urtheil wird das Allgemeine getheilt, das Unterschiedene wird dann als identisch mit dem Allgemeinen gesetzt, die Theilung wird wieder aufgehoben und die Totalität durch den Schluss wieder hergestellt: dieser Begriff realisirt sich auch im Process. Der Process erzielt Scheidung und Vereinigung. Der chemische Process ist im Allgemeinen das Leben, der Begriff des Processes kommt im Leben zur Erscheinung; der individuelle Körper wird in seiner Unmittelbarkeit ununterbrochen ebenso aufgehoben als hervorgebracht.

Die **Organik**, die dritte Abtheilung der Naturphilosophie, hat als Inhalt den **geologischen**, den **vegetabilischen** und den **animalischen** Organismus.

Der **geologische** Organismus ist der Cristall des Lebens, es ist das starre äusserliche System eines vergangenen Bildungsprocesses, das todte Bild des Lebens.

Der **vegetabilische** Organismus geht noch nicht aus der Individualität zur Subjectivität über, er enthält Individuen, an welchen die Einheit des Organismus noch nicht in der Totalität besteht, die Theile sind nicht Glieder sondern selbst wieder Individuen.

Der **animalische** Organismus erhebt die Individualität zur Subjectivität. Die Einheit der Gliederung besteht in der Totalität. Jedes Glied des Ganzen ist wechselseitig Zweck und Mittel. Das thierische Subject ist lebendig wesentlich Process, Gestaltungsprocess in sich, reeller Process in der Assimilation des äussern Objects, und Gattungsprocess. In der Gattung geht das Individuum unter, das Einzelne hebt sich auf zur Erhaltung des Allgemeinen. In diesem Organismus erscheinen: die freie Bewegung nach Aussen und das freie Erzittern im Innern (die Stimme), die innere Wärme als auflösende Kraft und die ununterbrochene Aufnahme und Aneignung von Stoffen zur Erhaltung des Lebens (die Intussusception), das Gefühl, und auf höchster Stufe, nemlich im Menschen, die Erfassung der individuellen Subjectivität.

Die Philosophie des Geistes, die dritte Abtheilung im System der Philosophie, vollführt den Schluss: die Entäusserung der Idee im Natursein wird aufgehoben, die Idee kehrt nach vollendetem Kreislaufe zu sich selbst zurück, das Absolute ist Geist geworden.

Der Geist ist in Beziehung auf sich selbst subjectiver Geist, in der Form der Realität objectiver Geist, und in seiner vollen Wahrheit absoluter Geist. In den ersten beiden Bestimmungen ist der Geist endlicher Geist, auf der dritten Stufe ist er unendlicher Geist.

Der **subjective Geist** als Seele oder Naturgeist ist Gegenstand der Anthropologie, als Bewusstsein Gegenstand der Phänomenologie, als Subject für sich Gegenstand der Psychologie.

Die **Seele als Naturgeist** ist in diesem Zustande völlig abhängig von der Natur. Der Mensch ist in engster Verbindung mit dem Naturleben. Die Empfindungen sind nur vorübergehende Bestimmungen in der Substantialität der Seele. Die fühlende Seele ist nicht mehr blos natürliche Seele, sondern sie wird innerliche Individualität, monadische Individualität aber nur passiv. Nun erhebt sie sich zum Selbstgefühl, sie stellt sich der Leiblichkeit gegenüber, sie wird wirkliches Subject, welches die Gefühle als die seinigen setzt. Die Seele erlangt einen Mechanismus des Selbstgefühls, die Gewohnheit, wie das Gedächtniss die Gewohnheit der Intelligenz ist. Sie hatte das „Fürsichsein" erlangt und aus diesem erwacht sie zum „Ich" gegenüber der äussern Welt, sie reflectirt auf die Welt und kommt zum Bewusstsein.

Das **Bewusstsein** überhaupt erwacht zum Selbstbewusstsein, für welches das „Ich" selbst der Gegenstand ist, und in dem Erkennen der Einheit zwischen Bewusstsein und Selbstbewusstsein zum Begriff des Geistes.

Der Geist findet sich bestimmt als **theoretischer** Geist in seinem Anschauen, Vorstellen und Denken; als **praktischer Geist** erfüllt er sich aus sich selbst, er tritt als Wille in Wirklichkeit und die Freiheit des Geistes ist die Einheit der theoretischen und praktischen Bestimmung desselben.

Der **objective Geist** ist die absolute Idee, welche als wirkliche Vernünftigkeit zu äusserlicher Erscheinung kommt, und zwar der Wille als Gesetz und Sitte, Recht und Pflicht.

Der **freie Wille** unmittelbar und als einzelner ist die Person; in sich reflectirt ist er die Moralität; und substantiell erscheint er als die Sittlichkeit.

Die **Person** äussert den freien Willen in dem Recht auf Sachen und im Vertrage mit Personen.

Der persönliche subjective Wille als die Wahrheit des allgemeinen vernünftigen Willens geht durch Handeln aus Gründen, durch pflichtmässiges Handeln, durch Reflexion auf das Allgemeine des Willens, welches das Gute ist, durch die Anerkennung des darin bedingten „Sollens" durch vorsätzliche und absichtliche Pflichterfüllung in die **Moralität** über.

Die **Sittlichkeit** ist die Wahrheit des subjectiven und objectiven Geistes selbst. Es ist kein „Sollen" mehr vorhanden, sondern nur „Wollen." Die Gesinnung als Durchdrungensein vom Willen des Allgemeinen, als ruhiges Beruhen in sich in Bezug auf ein Schicksal, als Vertrauen in Beziehung auf das Ganze der sittlichen Wirklichkeit und als wohlwollende Neigung zur Vollendung der Gerechtigkeit — in diesem offenbart sich die Sittlichkeit. Die sittliche Substanz existirt als empfindender Geist in der Familie, als ordnender Geist in der bürgerlichen Gesellschaft und als lebendiger Geist eines organisirten Ganzen im Staate. Der Staat ist die selbstbewusste sittliche Substanz, die Vereinigung des Familienlebens und Bürgerthums. Das innere Staatsrecht, die Verfassung ist die Gliederung der Staatsmacht im Innern zur Sicherung der Person, zum Schutz der Eamilie und zur Leitung der bürgerlichen Gesellschaft. Die Garantie der Verfassung liegt in der Religion der Glieder des Staates, des Volkes. Das äussere Staatsrecht betrachtet die Staaten als Individuen und bezweckt, durch positive Tractate und völkerrechtliche Bestimmungen den Frieden unter denselben zu erhalten. Die Gechichte des Staates ist die Offenbarung der Wirklichkeit der sittlichen Substanz, das Erwachen derselben zum Weltgeiste.

Der absolute Geist hat seine Existenz in der Einheit des subjectiven und objectiven Geistes, und das Selbstbewusstsein des absoluten Geistes ist wesentlich Prozess. Der absolute Geist findet seine Realität in der Kunst, in der Religion und in der Philosophie.

Die Kunst ist der Ausdruck der unmittelbaren Einheit der Natur und des Geistes, die Versöhnung in der Tiefe des Geistes, ohne Bewusstsein des Gegensatzes, in der Vollendung der Schönheit, und zwar in der classischen Kunst, in welcher Idee und Gestaltung in erhabener Weise harmoniren, in der symbolischen Kunst, in welcher die Idee über die Gestaltung hinausgeht, und bemüht ist sich einzubilden, und in der romantischen Kunst, in welcher die Subjectivität der Form vorherrscht und das Absolute sich nur zur Erscheinung herablässt. Architektur, Sculptur, Malerei, Musik und Poesie sind die Künste, welche im Schönen den absoluten Geist zum Gegenstand ästhetischer Wahrnehmung machen. Die Poesie wiederholt alle übrigen Künste in sich und bildet den Uebergang zur Religion.

Wahrhafte Religion ist nur geoffenbarte und zwar von Gott geoffenbarte Religion. Die wahrhafte Religion ist diejenige, deren Inhalt der absolute Geist ausmacht. Der Geist ist aber nur Geist insofern er für den Geist ist. Die Religion ist in aufeinander folgenden Erscheinungen von der Naturreligion zur Religion der geistigen Individualität aufgestiegen, und zuletzt im Christenthum zur wahrhaften Religion geworden. Im Christenthum erscheint Gott als die absolute substantielle Macht, der Schöpfer der Welt, welcher sich seiner an sich seienden Wesenheit entäussert, und als Gottmensch das Unendliche und Endliche in sich vereinigend die Versöhnung vollbringt, die Rückkehr der absoluten Idee zu sich selbst im absoluten Geist vollendet. Der Inhalt der wahrhaften Religion ist zugleich der Inhalt der Philosophie, nur giebt die Religion historisch was die Philosophie durch Begriffe bestimmt.

Die Philosophie umschliesst die Kunst und die Religion in ihrer Totalität. Anschauen und Vorstellen erheben sich zum bewussten Denken. Die Philosophie erkennt das Absolute als ihren nothwendigen Inhalt. Gemüth, Phantasie, Verstand und Speculation suchen Gott im Glauben oder im Bewusstsein zu erfassen. Der reflectirende Verstand trennt das Unendliche von dem Endlichen, das Wesen von der Erscheinung. Die Beziehung des Wesens auf die Erscheinung ist dem Verstande unbegreiflich. Die absolute Philosophie erkennt das Logische als Ausgangspunkt, die Natur als Mitte und den sich selbst erkennenden Geist als die Vollendung. Der absolute Geist erkennt den Geist in der objectiven Natur und den Geist in dem subjectiven Wissen, er erkennt in dieser Entzweiung die Erscheinung seines Lebens, in welcher „die ewige an und für sich seiende Idee sich ewig als absoluter Geist bethätigt, erzeugt und geniesst."

Die *Hegel*'sche Philosophie, über welche man häufig urtheilen hört, dass sie mit der Macht des Denkens die Wirklichkeit durchdrungen und die Wesenheit des Absoluten erfasst habe, ist in der That geeignet, durch die Grossartigkeit ihres Plans, durch die Eigenthümlichkeit ihrer Methode und durch das Imponirende ihrer verkündeten Resultate, die Aufmerksamkeit auf sich zu lenken und in hohem Grade zu fesseln. Den *Aristotelischen* Satz, dass Denken und Sein in der Energeia Eins seien, den *Jacob-Böhme*'schen Gedanken, dass der Urgrund in der Entzweiung und Selbstbejahung sein Leben offenbare, die *Schelling*'sche Anschauung, dass das Absolute in der Natur als objective Idee bewusstlos seine Intelligenz bethätige, im Menschengeist in einzelnen Momenten subjectiv erscheine, gleichsam aufflamme, um im Lichte des Geistes sich selbst in der Natur wiederzufinden: dies erfasste *Hegel* und setzte sich zum Ziel, die hierin enthaltenen Ideen durch discursives Denken zu erkannten Wahrheiten zu erheben. Er wählte zum Grundcharakter seines Philosophirens die von *Schelling* erfundene Identificirung der Gegensätze im Indifferenten, verwarf zum Theil die bisher gültige Logik des Verstandes, namentlich durch Nicht-Anerkennung des Satzes vom Widerspruch, und führte nach einer dem gemeinen Bewusstsein ganz ungewöhnlichen Darstellungsform die Begriffsentwickelungen in den einzelnen Theilen der Philosophie vollständig durch. Der Schluss vollendet sich in dem Rückblick zum Anfang durch den Hauptgedanken, dass das Absolute aus dem indifferenten Sein in die Wirklichkeit hervortrete und zwar im Gegensatze der Objectivität und Subjectivität und dass dasselbe durch Wiederaufhebung der Gegensätze im Selbstbewusstsein zum absoluten Geist erwache, indem der Mensch sich dessen bewusst werde, dass sein Denken des Absoluten nichts Anderes sei, als das Sichselbstdenken des Absoluten, die Rückkehr des Absoluten zu sich selbst, und zwar mit der Vollendung seines Wesens zum absoluten Geist. Der Mensch muss es sich dabei wohl oder übel gefallen lassen, dem hohen Beruf, welchen er hierdurch erhält, seine Persönlichkeit, seine Freiheit und seine Unsterblichkeit zu opfern; sein Geist ist ein Tropfen im Meere des geistigen Lebens des Absoluten geworden, ein Tropfen, welcher unselbstständig und an sich nichtig im Gesammten verschmilzt. Das Absolute hingegen ist nach langem Schlummer erwacht, und erkennt nun, dass es durch sein eigenes Geschöpf, durch den Menschen, das wissende und wollende Wesen geworden sei, was es aber doch schon sein musste, um in der That sein zu können, was es war, nemlich der **schöpferische Urgrund von Allem**!

Die *Hegel*'sche Philosophie hat den Weg vom Denken zum Sein nicht aufgefunden; Hegel erklärt selbst, dass der Uebergang vom Denken zum Sein für den Verstand unbegreiflich sei, und dass es der positiv speculativen Vernunft allein eigenthümlich sei, Ideen als wahr anzuerkennen, welche Widersprüche in sich vereinen. Die speculative Vernunft aber proclamirt den Besitz dieses Vorrechts, ohne den rechtmässigen Erwerb desselben nachzuweisen! — Die Nothwendigkeit im Denken, die consequent durchgeführte Begriffsentwickelung, leitet allerdings zur Wahrheit in der Gedankenwelt; aber aus der Gedankenwelt kommen wir dadurch nicht heraus zur Welt des realen Seins, in der gewöhnlichen Bedeutung dieser Worte. Soll nun das Denken, indem es mit Nothwendigkeit vollbracht wird, das Real-wirkliche selbst sein? Die Bejahung dieser Frage führt entweder zu absolutem Idealismus, zu der dem natürlichen Verstande völlig unzugänglichen totalen Vergeistigung des All; oder sie führt zu dem Materialismus, welcher die Bedürfnisse der geistigen Natur des Menschen, die Bedürfnisse des menschlichen Gemüths und der Vernunft nicht befriedigt. Oder sollen die nothwendigen Denkreihen nur für ein Analogon des Zusammenhanges des Geschehens in der objectiv-realen Welt gelten? Auf welche Weise soll sich die Analogie bewahrheiten? Ist etwa das reale Sein das Spiegelbild des Denkens, oder ist das Denken das Spiegelbild des Seins? Es würde auf diese Weise das Eine oder das Andere zu gehaltlosem Scheine herabsinken. Oder sind Körper- und Geisteswelt neben einander und unabhängig von einander, parallel fortschreitend, dass durch die Erkenntniss der einen die Erkenntniss der andern vermittelt werde? Dies würde unsere Gedanken wieder zur prästabilirten Harmonie der Welten lenken. — Die Wissenschaft der Logik *Hegel's* weist aber dem Denken einen höheren Standpunkt an als den eines blossen Analogons des Seins; das Denken erhält in dieser Logik schaffende Gewalt. Das logische Denken erhält die Bedeutung des Erfassens der Objecte im Begriff, und aus dem Begriff soll die Wirklichkeit sich entfalten. Das Umschlagen vom „Begriff" in „reales Sein", welches eine Brücke bilden soll zwischen Denken und Sein, diese Vorstellung lässt sich aber im Bewusstsein zu keiner klaren Anschauung bringen. — Es findet der philosophirende Geist des Menschen in der Methode der *Hegel*'schen Philosophie nur Kunst, nicht Natur, und in den Ergebnissen derselben keine Genüge für seine Anforderungen an sich selbst. Das religiöse Bewusstsein des Menschen, welches zwar zeitweilig umflort aber nicht vernichtet werden kann, findet in der *Hegel*'schen

Philosophie keine Befriedigung. Der Mensch sucht Gott, und zwar Gott als das Wesen, zu welchem er sich im Gebet wenden kann, auf einen solchen Gott weist die *Hegel*'sche Philosophie nicht hin. Der Pantheismus der *Hegel*'schen Philosophie kann nur momentan bestehen; er muss, da er sich selbst nicht als Pantheismus erklärt, und als solcher selbstständig auftritt, sondern vorgiebt, die christliche Trinitätslehre in sich aufgenommen und fortgeführt zu haben, er muss mit sich selbst zerfallen und zum Atheismus oder transscendenten Tritheismus übergeben.

Die *Hegel*'sche Schule trennte sich auch bald und deutete die Grundlehren nach verschiedenen Richtungen hin. Die äusserste Rechte, die sogenannten Pseudo-Hegelianer, liessen den Begriff des absoluten Geistes nicht im Selbstbewusstsein Gottes im Menschen aufgehen, sondern setzten ausser demselben das Wesen Gottes als transscendent, als absolutes unmittelbar sich selbst wissendes Subject, neben dem im Menschengeiste zu Stande gekommenen Gottesbewusstsein. Die Jung-Hegelianer stellten sich diesen „Glaubens-Philosophen" direct gegenüber; sie fanden das Absolute nicht in dem sich selbst erkennenden Geiste, sondern unterordneten denselben der allgemeinen Substanz, wodurch sie nothwendig dem Atheismus verfielen. Die Alt-Hegelianer suchten zwischen diesen beiden Extremen den Standpunkt *Hegel's* unverändert einzunehmen; sie fassten das Absolute in folgender Entwickelung auf: der Mensch denkt das Absolute, und indem er das Absolute denkt erkennt er, dass nicht er als Person, sondern dass in seinem Denken sich selbst das Absolute denkt. Der absolute Geist, oder Gott, ist nun aber nicht das in jedem einzelnen Menschen zu Stande kommende Selbstbewusstsein Gottes, sondern diese einzelnen Selbstbewusstseinsprocesse machen erst in ihrer Totalität das Wesen des absoluten Geistes aus. — Aus den in den verschiedenen Richtungen der *Hegel*'schen Schule vorhandenen Erfassungen der *Hegel*'schen Philosophie ist diese in ihrer Totalität nicht in's Leben eingedrungen, sie ist nur in einzelnen Phrasen in weitere Kreise übergegangen, da die Resultate nicht mitgetheilt werden können, ohne dass die Methode zugleich vergegenwärtigt werde und da die Durchschauung dieser Methode schon Uebung im philosophischen Denken fordert. Ueberdies ist die Darstellungsform in *Hegel's* Schriften gänzlich von der gewöhnlichen Diction abweichend, es kann das Einzelne ohne Ueberblick des Ganzen nicht erfasst werden, und die veränderte Logik macht eine verdoppelte Aufmerksamkeit nothwendig. Der sogenannte **gesunde Menschenverstand** widerstrebte dem in verschiedenen Gestalten auftretenden Idealismus, welcher bald in die tiefsten Gründe der Forschung hinabstieg, um das Absolute zu finden, bald in die höchsten Höhen der Anschauung sich aufschwang, um in der weiten Ferne dasselbe zu erspähen. Der gesunde Menschenverstand fand in den Tiefen des Idealismus nur Dunkelheit und in den in der Ferne gezeigten Gestalten erblickte er nur Nebelbilder. Nach vergeblicher Anstrengung, aus den überschwenglichen Theoremen des absoluten Idealismus eine klare Anschauung von Gott, der Welt und dem Menschen zu gewinnen, ermattete das gewöhnliche Bewusstsein in seinem Hoffen und Harren auf die innere Erleuchtung durch diese Philosophie, und der nach Wahrheit suchende Geist der Menge, beschränkte, um nicht im Unendlichen sich selbst zu verlieren, sein Wissen und Wollen auf die Thatsachen der äusseren und inneren unmittelbaren Wahrnehmung, er begnügte sich mit dem, was ihm die gesunden Sinne vermittelten und der gesunde Verstand, mit der Versicherung, dass dies das Einzige sei, was der Mensch als sicheren Besitz des Wissens erringen könne, in leicht verständlicher Weise darbot. Wir finden die Resignation der speculativen Vernunft namentlich in der Philosophie *Krug's* realisirt.

Krug (1770 — 1842) stellte in einem „neuen Organon" Principien der Erkenntniss auf, d. h. Sätze, die unmittelbar wahr und gewiss sind. Das Realprincip aller Erkenntniss, was philosophische Erkenntniss überhaupt möglich macht, ist das „Ich", das erkennende Subject, welches nicht weiter erklärt werden kann. Die Idealprincipien sind theils materiale, theils formale; die Materialprincipien sind Thatsachen des Bewusstseins, welche keines Beweises fähig noch bedürftig sind; der oberste dieser Sätze ist: „Ich bin thätig". Die formalen Idealprincipien sind Gesetze, nach welchen das Ich sich bei seiner Thätigkeit richtet. Der oberste dieser Sätze ist: „Der letzte Zweck der Philosophie ist absolute Harmonie des Ich in aller seiner Thätigkeit.

Die Philosophie kommt synthetisch zu Stande; das Bewusstsein ist die Synthesis des Seins und Wissens im Ich, dieselbe ist unerklärbar und unbegreiflich. „Wir sind durch unser Bewusstsein genöthigt, beides (das Reale und das Ideale) zu setzen, mithin beides zwar von einander zu unterscheiden, aber auch beides auf einander, als in einer wechselseitigen Thätigkeit begriffen, zu beziehen, und eben dadurch sind wir uns bewusst so wohl unser selbst (des Ichs) als auch dessen, was nicht zu unserm Selbst gehört, der Dinge ausser uns (des Nicht-Ich's)". Das Sein der Dinge ausser uns nehmen wir anfangs nur an, wir glauben an dasselbe, denn nur der Vorstellungen von den Dingen sind wir uns bewusst. Dass „Ich" bin, weiss ich aber unmittelbar. Der Glaube an die Dinge wird aber dadurch zur Ueberzeugung, dass dieser Glaube jedem Menschen natürlich und nothwendig ist.

Das vollständige System der Philosophie gestaltet sich nach *Krug* also: 1) Fundamentalphilosophie, 2) Derivativphilosophie. Die Erstere ist die Wissenschaft der Principien der Philosophie überhaupt, die Wissenschaft von der Möglichkeit der Philosophie. Die letztere enthält theoretische und praktische Philosophie; jene umschliesst die Denklehre, Erkenntnisslehre (Metaphysik) und Geschmackslehre; diese enthält die Rechtslehre, die Tugendlehre und die Religionslehre.

Die **Fundamentalphilosophie** geht vom problematischen, d. h. ungewissen Wissen, zur Apodiktik, d. h. zum gewissen Wissen über. Die Grundbedingung der philosophischen Erkenntniss ist das Ich, wiefern es sich selbst zum Gegenstand der Erkenntniss macht. „Ich bin mir bewusst, dass ich etwas bin". In diesem Bewusstsein ist die Synthesis des Seins und des Wissens im Ich. Dies ist eine Urthatsache des Bewusstseins und sie ist schlechthin unbegreiflich. Diese Unbegreiflichkeit muss anerkannt werden, die Speculation muss sich auf diesen Grenzpunkt beschränken. Der Realismus sowohl, als auch der Idealismus ist in speculativer Hinsicht unzulänglich. Ich muss Reales und Ideales als ursprünglich gesetzt und mit einander verknüpft betrachten und die Ableitung des Einen vom Andern als unmöglich ansehen".

„Hieraus geht ein drittes System der Philosophie hervor, welches am schicklichsten **Transscendentaler Synthetismus** genannt werden kann." So giebt es in materialer Hinsicht drei mögliche Systeme: Realismus, Idealismus und Synthetismus, und in formaler Hinsicht, oder in Betracht der Methode des Philosophirens: Dogmatismus, Skepticismus und Kriticismus.

Philosophiren ist „Einkehren in sich selbst und Aufmerken auf sich selbst, um sich selbst zu erkennen und zu verstehen und dadurch zum Frieden in und mit sich selbst zu gelangen." Das gemeine Bewusstsein, welches auf sich selbst achtet, sagt: „Ich bin und ich weiss, dass ich bin", das philosophische Bewusstsein sagt: „Ich weiss und ich weiss, dass ich weiss." Das gemeine Bewusstsein erfasst das reale Sein, das philosophische Bewusstsein erfasst das logische Sein, jenes ist unmittelbares Wissen, dieses ist mittelbares. — Der Glaube an das Dasein der Welt beruht auf Aussage der Sinne, der Glaube an das Uebersinnliche gründet sich in der Aussage des Gewissens. Durch Beharrlichkeit wird der Glaube zur Ueberzeugung.

Der Mensch hat zwei Vermögen, welche sich nur durch die Richtung ihrer Thätigkeit von einander unterscheiden: das theoretische und das praktische Vermögen. In beiderlei Hinsicht sind Sinnlichkeit, Verstand und Vernunft zu betrachten. Das Gefühlsvermögen existirt als besonderes Vermögen nicht. Der dunkle und unbekannte Anfang jeder Thätigkeit ist Gefühl. Die Idee der Vernunft von Recht und Pflicht, welche sich als Gefühle offenbaren, sind die leise vernommene Stimme des Gewissens und der Vernunft. Wegen der Dunkelheit der Gefühle können wir uns nur schwer über dieselben mit Andern verständigen, und durch Nachdenken über sie, werden sie häufig vernichtet. — Der Mensch hat seine geistige Existenz in Gefühlen und Begriffen, weder bloss in dem Einen, noch bloss in dem Andern.

Alle Philosophie muss zuletzt auf das Unerklärliche, Unbegreifliche stossen; sie muss aber nach bestmöglicher Klarheit in sich streben.

„Die innere Freiheit, die dem Menschen als vernünftigem und sittlichem Wesen zukommt, ist zugleich der Bürge seiner äussern Freiheit." „Das Bewusstsein sittlicher Gesetze, welche die Vernunft diktirt, erhebt die

Menschen über die Natur oder die Sinnenwelt" und „eröffnet ihm eine Aussicht in eine übersinnliche Welt." Der Endzweck der Vernunft ist eine sittliche Ordnung der Dinge. „Indem nun der Mensch auf die äussern Bedingungen, wovon die Möglichkeit der Verwirklichung des Endzwecks der Vernunft abhängt, reflektirt, so sieht er sich genöthigt, ein höchstes Wesen, als unbeschränkten Urheber und Regierer der Welt und ein ewiges Leben, als unbeschränkte Fortsetzung seines Daseins, anzunehmen, mithin beides in praktischer Hinsicht zu glauben, ob es gleich in theoretischer Hinsicht für ihn unerkennbar und unbegreiflich ist." Mit der Moralität ist die Religion eng verknüpft, und „alles, was der sittlich gesinnte Mensch thut, thut er mit Religion, d. h. mit Hinsicht auf seine höhere Bestimmung im Reiche Gottes."

Hatte Krug sich gegen die Ueberschwänglichkeit des Idealismus erklärt, so richtete Herbart sich gegen die im Idealismus liegende Verflüchtigung alles realen Seins der Aussenwelt.

Herbart (1776—1841) vertritt in seinem philosophischen System die Opposition der Philosophie selbst gegen den Idealismus, während Krug die Opposition des gesunden Menschenverstandes gegen denselben vertrat. Weder aus dem Begriffe der Subjectivität des „Ich," noch aus dem Begriff des objectiven Seins noch endlich aus der Idee des Werdens des Absoluten lässt sich das All, wie es ist, construiren. Aus einem Princip will man Alles erklären, man läugnet die Wahrheit von unbebestreitbar nothwendigen Denkgesetzen, man verändert die Logik um die Erfahrung diesem einem Princip unterzuordnen. Man muss vielmehr die Erfahrung in seinem Bewusstsein ordnen und formen, dass sie für die Denkgesetze passe. Die Philosophie hat sich zunächst an das Gegebene anzuschliessen, sie hat mit der Erfahrung zu beginnen, aber ihr Geschäft besteht nun darin, ein widerspruchfreies Denken in denjenigen Sätzen zu erreichen, welche wir aus der Erfahrung in unser Bewusstsein aufgenommen haben. „Alle Speculation die nicht auf einem festen, das heisst unbestreitbar gegebenen Grunde beruht, ist leeres Hirngespinst." Der gewöhnliche Verstand hat die Erfahrungsbegriffe verworren, er sucht die innern Widersprüche derselben nicht auf; es ist nun die Aufgabe der Philosophie, die Reihen des auf Erfahrung gestützten Denkens zu ordnen und zu klären.

Das Charakteristische der *Herbart*'schen Philosophie liegt in der Metaphysik und Psychologie. Die allgemein angenommenen Gesetze der Logik lässt *Herbart* dem Wesen nach unverändert gelten. Die praktische Philosophie wird auf fünf Ideen gestützt, welche aber nur zusammengestellt sind, und daher ohne innere natürlich nothwendige Verbindung erscheinen, und trotz aller künstlichen Demonstrationen nicht in einheitlichen Zusammenschluss gebracht werden können.

Die **Metaphysik** hat die Begriffe nur nach der Erfahrung und für die Erfahrung zu bearbeiten. Da keine Wendung im Denken im Stande ist, das Viele auf Eins zurückzuführen, so hat man Folgendes zu beachten: „Wenn Euch aufgegeben ist, Eins zu setzen, dass Ihr ebensowenig einfach setzen als wegwerfen könnt: so setzt es vielfach. Alsdann aber hütet Euch, das Viele zu vereinzeln; denn dadurch würde die vorige Schwierigkeit zurückkehren. Sondern begreift, dass von dem Vielen, so fern es in gegenseitiger Verbindung steht, möglicherweise etwas gelten kann, welches von dem Einzelnen ungereimt sein würde." Diese Vielheit bilden die **Realen.** Die Realen unterscheiden sich von den Atomen dadurch, dass sie nicht wie die Atome gegen einander abgeschlossen, sondern durchdringlich sind. Sie unterscheiden sich von den Monaden (in der Leibnitz'schen Philosophie) dadurch, dass sie nicht vorstellend sind, während den Monaden unklare und klare Vorstellungen zugeschrieben werden.

Die Ontologie betrachtet die Realen in ihrer gesonderten Selbstständigkeit. Diese Realen bilden die Vielheit des Seins. Das Sein selbst ist keine Wesenheit, sondern nur ein Name um die Zusammengehörigkeit, die Verbindung der Realen unter einem Begriff zu bezeichnen. Die Vielheit der Realen ist der Grund ihres Erscheinens. Jedes Reale an sich ist einfach, eine Qualität, und es beharrt ewig in dieser seiner Qualität, es wird nicht verändert in seinem Wesen. Die Substanz beharrt, und dadurch eben, dass sie beharrt ist sie Substanz.

Diese Realen nun kommen in Beziehungen zu einander; dadurch entstehen Störungen, gegen welche jedes Reale sich selbst erhält. In dieser Selbsterhaltung äussert es sich, und durch diese Aeusserung bestimmt es sich. Wie in der Mathematik die „zufälligen Ansichten" die Gegenstände zwar nicht verändern, aber ihnen doch durch die Beziehung ein besonderes Moment beilegen, so geschieht es auch bei den Realen. Eine gerade Linie ist und bleibt eine gerade Linie, aber durch die für sie zufällige Zusammenstellung mit einem Kreise, kann sie als Radius, als Sehne, als Tangente desselben erscheinen.

„Der Schein der Inhärenz ist allemal die Anzeige eines mehrfachen Realen." Jede Veränderung ist nur in der Erscheinung, nicht in der Wesenheit der Realen. Indem das Reale als vorhanden erscheint, heisst es Substanz. Das wahrhaft Substanzielle in der Erscheinung bleibt, nur die Beziehungen bilden das der Veränderung Unterworfene. Es ist daher keine Substanz ohne Causalität; die Causalität ist aber stets Wechselwirkung und sie fällt nicht in die Zeitfolge, sondern wechselseitige Ursache und Wirkung sind stets zugleich. Das wirkliche Geschehen ist ein Bestehen wider eine Negation, es gründet sich in dem Selbsterhalten der auf einander bezogenen Realen.

Die Synechologie, die Lehre vom Zusammenhange realer Wesen, führt auf die Anschauung der Continuität, und durch dieselbe auf den intelligiblen Raum. Die Selbsterhaltung verursacht die Repulsion und die in der Störung liegende Beziehung oder Annäherung bewirkt die Attraction. Die zusammentreffenden Realen durchdringen einander theilweise; dies erzeugt die Molecüle der Materie. Die Tiefe des Eindringens richtet sich nach der Bedingniss des Gleichgewichts zwischen Selbsterhaltung und Störung, zwischen Repulsion und Attraction. — Die Materie ist gegeben, sie ist da; zur Erklärung derselben wird das unvollkommene Zusammen mehrerer realer Wesen vosausgesetzt.

Die Bewegung, welche weder eine Beschaffenheit noch ein Zustand des Realen ist, zerfällt „ihrem Begriffe nach, gleichsam von selbst in die Faktoren Geschwindigkeit und Zeit," sie ist im Grunde Setzen und Aufheben des Raums in fortlaufendem Wechsel. Die Zeit ist die Zahl des Wechsels. Das Raumverhältniss, die Entfernung der Gegenstände von einander und die Bewegung unter denselben, ist nicht subjectiv, sondern objective Erscheinung. Der objective Schein entsteht im Geiste gleichsam als das Bild des Gegenstandes in einem Spiegel.

Die Eidololgie, welche von der Möglichkeit des Wissens Rechenschaft geben soll, versetzt uns in das „Jch." — Wir fragen uns nun: Wie kommen wir zum Gegebenen? Mit welcher Sicherheit erkennen wir durch dasselbe die realen Wesen und uns selbst? „Die gegebenen Empfindungen sind Selbsterhaltungen der Seele; das Empfundene ist nur der Ausdruck der innern Qualität der letzteren; aber die Ordnung und Folge der Empfindungen verräth das Zusammen und Nichtzusammen der Dinge; daraus entsteht eine geistige Ausbildung, worin, zum Theil mit grossen Irrthümern vermischt, aber auch der Berichtigung zugänglich, der Lauf der Begebenheiten sich abspiegelt."

Es ist Thatsache, dass auf jedes Gegebene reflectirt werden könne als auf ein Gegebenes. Auch auf diese Reflexion kann wiederum reflectirt werden. Man weiss; man weiss, dass man weiss; man weiss, dass man von dem Wissen seines Wissens weiss und so ins Unendliche fort. Es wird nun ein Punkt angenommen, in welchem alles Gewusste beisammen sei, und dieser Punkt heisst „Ich." Zu diesem Punkt wird das Sein hinzugedacht, daher: „Ich bin." Niemand kann sich aber auf die Frage: wer er denn eigentlich sei? genau, bestimmt und genügend antworten. — Die gemeine Auffassung scheidet nicht den Leib vom Geiste; erst der Denker stellt den Leib in das „Nicht-Ich."

„Wie der einigermassen Gebildete Sich Selbst unterscheidet von dem vielfach zusammengesetzten Leibe, ebenso setzt auch der schärfer Denkende das System von Geistes-Vermögen, welches ein buntes Mannigfaltiges ist, dem Einen und untheilbaren Ich entgegen." Alles, ohne Ausnahme, als was das Ich sich zu setzen pflegt, alles was der Mensch in seiner geistigen Organisation zu haben glaubt, als Verstand, Vernunft, Gedächtniss, Affekt, Begierde, fällt in das „Nicht-Ich," wie wenn es die Gliedmassen wären, deren er sich im geistigen Handeln bediene.

Das Ich entwickelt sich in einer doppelten Reihe: einerseits soll das Gewusste immer nur das Wissen selbst sein, andrerseits ist stets das Wissen ein Gewusstes für ein höhres Wissen. Das Object nun kann nicht selbst „Ich" sein. Das Ich ist der Mittelpunkt wechselnder Vorstellungen, es ist das Subject, welches die Vorstellungen hat und erhält. Hier durchkreuzen einander die Vorstellungen, sinkend und steigend, von aussen kommend und nach aussen gehend. Der Stoff des Wissens sind die Empfindungen, unsere eigenen Zustände. Den Gehalt des Wissens bilden die Verhältnisse der vielen Wesen zu einander, ein Gewebe von Beziehungen; die Qualitäten der einzelnen Realen erkennen wir nicht. Von den Fmpfindungen bleiben die Vorstellungen zurück, nachdem die Störung aufgehört hat. Die Vorstellungen sind innere Zustände der Seele, und in ihren Verbindungen erhalten wir die Erklärungsgründe für das Geschehen in der Natur.

Die Seele ist die Substanz des Geistes, sie wohnt im Leibe und ist nicht eigentlich materiell an ihn gefesselt, obgleich sie ihren Ort im Gehirn hat, und ihre mittelbare Gegenwart im ganzen Nervensystem vorhanden ist. Die menschliche Seele ist nicht nothwendig das Höchste unter den Realen. Der Abstand der Qualitäten der Realen kann grösser sein als er sich hier zeigt, und dadurch muss die Unabhängigkeit der Seele vom Leibe und seinen Einrichtungen sich vergrössern.

Die **Psychologie** ist die Lehre von den innern Zuständen einfacher Wesen. Die Seele ist ein einfaches Wesen und so bilden speciell die Zustände der Seele des Menschen den Gegenstand der Psychologie. Die Psychologie als Wissenschaft enthält die drei Theile: Grundlehre, empirische Psychologie und rationale Psychologie.

Die **Grundlehre** giebt die erforderlichen Vorbegriffe und Erklärungen. Die Vorstellungen der Seele sind, indem sie einander widerstehen, als Kräfte zu betrachten. Die Lehre vom Gleichgewicht und der Bewegung der Vorstellungen begründet eine Statik und Mechanik des Geistes. Die Summe der Hemmungen und das Hemmungsverhältniss bilden die Elemente zur Berechnung des Niedertauchens und des Aufsteigens der Vorstellungen in der Seele.

Jede nicht gehemmte Vorstellung ist im Bewusstsein. Verdunkelung der Vorstellungen entsteht durch die Bewegung derselben. Eine sich aus der Hemmung erhebende Vorstellung ist bei ihrem Eintritt in das Bewusstsein an der statischen Schwelle desselben. Vorstellungen, welche momentan zurückgedrängt sind, arbeiten unaufhörlich gegen diejenigen Vorstellungen, welche im Bewusstsein stehen; von diesen aufstrebenden, nicht im Bewusstsein befindlichen Vorstellungen sagt man, sie seien an der mechanischen Schwelle des Bewusstseins. Jede neu ankommende Vorstellung bewirkt Bewegung unter den vorhandenen, ältere Vorstellungen sinken oder steigen dadurch.

Die Einheit der Seele ist der Grund der Verbindung der Vorstellungen, und die Richtungen in den geäusserten Selbsterhaltungen der Seele verursachen, dass entgegengesetzte Vorstellungen einander widerstreiten. Die Vorstellungen stellen sich zusammen, oder sie verschmelzen, wodurch bereits gesunkene Vorstellungen mittelbar wieder gehoben werden. Neue Vorstellungen verdrängen die Hemmungen anderer Vorstellungen, wodurch diese nun frei werden und sich unmittelbar in das Bewusstsein reproduciren. Dieses Zusammenwirken der Vorstellungen lässt sich nach mathematischen Formeln verhältnissmässig berechnen.

Die Vorstellungen ordnen sich in Reihen, und die Reihen reproduciren sich stets in gleicher Ordnung in abgestufter Klarheit.

Das Sinken und Aufstreben der Vorstellungen kann nicht beobachtet werden. Die gesunkenen wie die aufstrebenden Vorstellungen sind ja eben aus dem Bewusstsein verdrängt.

Die Seele heisst Geist, insofern sie vorstellt, Gemüth hingegen, insofern sie fühlt und begehrt. Fühlen und Begehren sind wandelbare Zustände der Vorstellungen, die nicht im Bewusstsein stehen, aber mittelbar auf die im Bewusstsein stehenden Vorstellungen wirken.

In der Verschmelzung von Vorstellungen, die sich nicht wieder trennen und einzeln angeben lassen, liegt ein Princip des ästhetischen Urtheilens. Analog diesem ist das Gefühl des Angenehmen und des Unangenehmen.

Dadurch, dass schwache neue Vorstellungen ganze gesunkene Vorstellungsreihen zum Bewusstsein emporhelfen, entsteht die innere Wahrnehmung.

Die Empfänglichkeit für Wahrnehmungen verringert sich allmälig. Der grösste Vorrath sinnlicher Vorstellungen wird in der Jugend erlangt.

Der leibliche Organismus wird die Empfindungen der Seele entweder verlangsamen und hemmen, was als Druck bezeichnet wird, z. B. im Schlafe; oder die begleitenden Zustände des Leibes fördern die Empfindungen, was Resonanz genannt wird, oder endlich Leib und Seele stimmen im Verlauf ihrer Zustände völlig genau zusammen. Die Bewegung des Leibes begleitet selbstständig die Empfindungen der Seele, und nur irrthümlich werden die Vorstellungen der Seele als Ursprung von mechanischen auf die äussere Welt einwirkenden Kräften angesehen.

Die empirische Psychologie betrachtet die Seele als Gegenstand der Erfahrung. Der Mensch ist durch die oberen Seelenvermögen über die Thiere erhaben; die niederen hat er mit den Thieren gemein. Sinnlichkeit und Vernunft durchkreuzen einander im Vorstellen, Fühlen und Begehren. Einbildungskraft, Gedächtniss, Verstand, Urtheilskraft, ästhetische und moralische Gefühle, Affekten, verständiges und vernünftiges Wollen und die Leidenschaften werden gewöhnlich neben oder zwischen Sinnlichkeit und Vernunft gestellt. Die Seele empfindet vermittelst der bekannten fünf Sinne, und diesen äusseren Sinnen fügt man einen innern Sinn bei, welcher die zeitlichen Wechsel unserer eigenen Zustände auffassen soll. Man erklärt die Reihenformen „Raum und Zeit" für Formen der sinnlichen Anschauung. Man spricht von Vermögen der Seele, von Verstand, Urtheilskraft und Vernunft. Diese Vermögen sollen Begriffe bilden, Urtheile und Schlüsse zu Stande bringen. Die Einbildungskraft und das Gedächtniss werden als Vermögen zur Reproduction der Vorstellungen angesehen, wobei von ersterer die Lebhaftigkeit, von letzterem die Treue im Reproduciren abhängig sein soll. Im Gefühlsvermögen unterscheidet man das Gefühl für sinnliches Wohlsein und Schmerz von dem Gefühl für's Schöne und Hässliche. Das Begehrungsvermögen spaltet man in ein unteres mit seinem Triebe und Instinct, und ein oberes mit seinen Maximen und Grundsätzen, und als einen Fremdling führt man in den Verein sämmtlicher vermeintlicher Seelenvermögen die transscendentale Freiheit ein. — Man glaubt in den geistigen Zuständen eine fortwährende Veränderung der Seele selbst, einen ununterbrochenen Wechsel in wesentlichen Bestandtheilen derselben zu erblicken. Man spricht von natürlichen Anlagen, von Temperamenten, von der Gestaltung des Seelenlebens durch äussere Einflüsse und von Anomalien im Seelenleben. — Es handelt sich nun darum, die angeblichen Seelenvermögen zu durchforschen, das wahre Wesen des Seelenlebens und der Seelenthätigkeiten zu ergründen.

Die rationale Psychologie erkennt in der Seele ein einfaches Wesen, nicht bloss ohne Theile, sondern auch ohne irgend eine Vielheit in ihrer Qualität. Die Seele hat keine Anlagen, keine Vermögen, weder Vermögen zu empfangen noch Vermögen zu produciren. Sie ist ein einfaches Etwas, aber das Was derselben ist völlig unbekannt.

Andere einfache Reale wirken auf das einfache Reale der Seele ein, verursachen Störungen und veranlassen die Selbsterhaltungen derselben. Diese Selbsterhaltungen sind einfache Vorstellungen; aus der Verbindung derselben entstehen Selbstbewusstsein und Ichheit.

Die Seele ist im Leibe. Der Leib ist ein System realer Wesen, welche unabhängig von der Seele existiren und nur in zufällige Verbindung mit ihr gerathen sind. Der Leib lebt als Pflanze für sich, und die Seele in ihm ist gleichsam ein Parasit an ihm.

Das Nervensystem im Körper erhält Störungen von den Realen der Aussenwelt, und äussert dagegen Selbsterhaltungen. Diese rückwirkenden Aeusserungen der Nerven-Realen bringen Störungen in dem Seelen-Reale hervor und diese abwehrenden Selbsterhaltungen der Seele treten als Vorstellungen auf. Durch die sich äussernden Vorstellungen entstehen wiederum Störungen in den Realen der Nerven, welche nun durch ihre Selbsterhaltungen störend auf die Realen der Muskeln im Muskelsystem einwirken, und die Selbsterhaltungen der Muskeln treten hier als Bewegungen auf, die wieder auf die Aussenwelt übergehen.

Der Seele gebührt, sofern sie mit dem Leibe in einem festen Causalverhältniss steht, eine bestimmte Stelle im Leibe, „das Wo? ist für die Seele genau in dem nämlichen Sinne zu nehmen, wie für jedes Element der Materie." „Die ganze mittlere Gegend des Gehirns kann der Seele einen Aufenthaltsort darbieten. Mag also wohl dieselbe sich auf oder vielmehr in der Brücke des Varols hin- und herbewegen."

„Gleich nach der Geburt eines Menschen oder eines Thieres entstehen aus blos organischen Gründen, unabhängig von der Seele, gewisse Bewegungen in den Gelenken; und jede solche Bewegung erregt in der Seele ein bestimmtes Gefühl. Im nämlichen Augenblicke wird durch den äussern Sinn wahrgenommen, was für eine Veränderung sich zugetragen habe; nämlich jene Anregung wird theils die Gestalt des Gliedes, in welchem sie vorging, modificirt, theils irgend welche andere Folgen in der Umgebung, oder überhaupt in der Sinnenwelt gehabt haben." „In einer spätern Zeit erhebt sich ein Begehren nach der beobachteten Veränderung. Damit reproducirt sich das zuvor mit dieser Beobachtung complicirte Gefühl. Nun ist das letztere eine solche Selbsterhaltung der Seele, welcher in Nerven und Muskeln alle die innern und äussern Zustände entsprechen, vermittelst deren die beabsichtigte Veränderung in der Sinnensphäre kann hervorgebracht werden. Das Begehrte erfolgt also wirklich und der Erfolg wird wahrgenommen. Hierdurch verstärkt sich sogleich die vorige Complexion; die einmal gelungene Handlung erleichtert die nächstfolgende u. s. f."

Die Seele hat in der Grösse des Gehirns des Menschen ihren Schutz und Schirm wider die Anfälle des übrigen Organismus; „es bietet dasselbe der denkenden Seele eine ruhige Wohnung dar, eine weite und überflüssig geräumige Wohnung."

Vorstellungen im Augenblicke ihres Entstehens heissen Empfindungen; Vorstellungen, welche gesunken sind, aber zum Bewusstsein zurückstreben, heissen Begierden. Gefühle sind verschmolzene Begierden, die einander entweder aufheben oder befriedigen.

Das geistige Leben ist das fast continuirliche Hervorquellen neuer Gedanken durch sich selbst und durch Anreizung von der Aussenwelt.

Die Affecten sind Gemüthslagen, worin die Vorstellungen beträchtlich von ihrem Gleichgewicht entfernt sind. Das Quantum der Vorstellungen im Bewusstsein ist hierbei entweder zu gross oder zu klein.

Leidenschaften sind nicht selbst Begierden, sondern Dispositionen zu Begierden.

Jede Vorstellung veranlasst eine Reihe durch die Verschmelzung mit den übrigen Vorstellungen, welche entweder noch im Bewusstsein stehen oder bereits gesunken sind. Die Durchkreuzung der Vorstellungsreihen verursacht die Vorstellung des Raums; der Verlauf einer Reihe nach einer Richtung verursacht die Vorstellung der Zeit.

„Die Seele ist ursprünglich eine vollkommene *tabula rasa* ohne alles Leben und Vorstellen. Demnach giebt es keine ursprünglichen Begriffe, auch kein Analogon dazu, sondern alle Begriffe sind etwas Gewordenes." Die Vorstellung ist ein Totales von Empfindungsmomenten.

Das Freiwerden einer gehemmten Vorstellung heisst Einbildung; wenn die Einbildung eine Reihe von verschmolzenen Vorstellungen enthält, so heisst sie Erinnerung. Vorstellungen kommen nur durch Wahrnehmung oder Einbildung in das Bewusstsein.

„Die Begriffe haben wir nicht neben oder ausser den Wahrnehmungen und Einbildungen, sondern wir schreiben uns Begriffe insofern zu, inwiefern wir abstrahiren von dem Eintritt unserer Vorstellungen ins Bewusstsein, und dagegen darauf reflectiren, dass sie sich darin befinden und ihr Vorgestelltes (den Begriff im logischen Sinne) nun in der That erscheinen lassen." Individuelle Begriffe sind wiederauftauchende Total-Vorstellungen von einzelnen Gegenständen. Allgemeine Begriffe sind reproducirte Total-Vorstellungen von verschmolzenen Vorstellungen ähnlicher Gegenstände, es sind logische Ideale. „Die ganze Logik ist eine Moral für das Denken, nicht aber eine Naturgeschichte des Denkens."

Bei dem Urtheilen schwebt anfänglich die Subjects-Vorstellung zwischen mehreren Prädicats-Vorstellungen, und die Verschmelzung jener mit einer von diesen vollzieht das Urtheil, wodurch das Subject bestimmt wird. Die Begriffe entstehen aus dem allmählig und immer fortgehenden Urtheilen.

In dem Fliessen und Auffangen der eigenen Vorstellungen, welches sich mannigfaltig wiederholt, drängt und durchkreuzt, besteht das Denken. Zu diesem in Gang gesetzten Denken kommt das Empfundene hinzu, welches zu dem Denken in das Verhältniss der Apperception tritt. Das Denken als Denkendes bildet das Subject, das Empfundene ist hierbei das Object.

Frage sich ein Jeder: Wer bin ich denn? Ein grosser Vorrath von Vorstellungen werden sich ihm zur Antwort aufdrängen. Sondert er aber nun alles Unwesentliche ab, so bleibt ihm nichts weiter übrig als der widersprechende Begriff der Identität des Subjects und Objects. Dies ist die Seele in Hinsicht auf alle ihre Selbsterhaltungen, welche Vorstellungen sind. „Die Seele an sich, in ihrer einfachen Qualität, kann weder Subject noch Object des Bewusstseins werden."

Die geistige Regsamkeit hat ihren Ursprung entweder in den Vorstellungen selbst, oder im Organismus des Leibes, oder in Eindrücken von der Aussenwelt. Sie äussert sich als Wollen, wenn mit dem Begehrten sich die Vorstellung des Erlangens desselben verbindet. Wenn zugleich mehrere Vorstellungen als Begierden emporstreben, so beginnt die praktische Ueberlegung. Diese schafft durch oft wiederholtes Wählen die praktischen Grundsätze, als ein allgemeines Wollen. Diese Grundsätze sind die Grundlage der Selbstbeherrschung, welche einerseits der Mensch sich selbst anmuthet, andrerseits sich anmuthen soll. Die moralische Selbstbeherrschung gründet sich in der Herrschaft der moralisch praktischen Ideen. Das moralische Gefühl ist nicht ursprünglich vorhanden, es entsteht vielmehr allmälig aus dem sittlichen Urtheilen. „Man schreibt der Vernunft noch die sittliche Gesetzgebung und Regierung zu. In diesem Sinne entsteht die Vernunft erst aus schon vollbrachtem Erwägen, Wählen und Beschliessen." Der Wille ist nichts für sich, er liegt in den Vorstellungsreihen selbst. „Die Lehre von der transscendentalen Freiheit lässt die Sittlichkeit wie ein Wunder aus einer andern Welt hervorbrechen." Das praktische Interesse ist „nicht für, sondern gänzlich gegen die Freiheit des Willens, wofern sie nemlich so wie *Kant* es verlangte genommen wird".

Die Seele ist ewig, und sie behält ihre geknüpften Verbindungen der Vorstellungen. Frei vom Leibe wird sie vollkommener erwachen, als je im Leben.

Die **praktische Philosophie** gründet *Herbart* auf die Ideen: Innere Freiheit, Vollkommenheit, Wohlwollen, Recht, Billigkeit. Diese Ideen werden als Musterbegriffe aufgefasst, welche jedem Einzelnen bei seinem Wollen und Thun als Zielpunkte erscheinen und im Willen und der That realisirt werden sollen. Für das Gemeinwesen folgen aus diesen Grundideen die abgeleiteten Ideen: Beseelte Gesellschaft, Cultursystem, Verwaltungssystem, Rechtsgesellschaft, Lohnsystem. Diese Ideen müssen der Bildung des Gemeinwesens zum Staate zu Grunde gelegt werden.

Die Religion füllt eine Leere aus; sie dient zur Ergänzung der Mangelhaftigkeit unserer Vorstellungen von Gütern, Pflicht und Tugend. Aber ausser dieser moralischen Beziehung ist die Religion auch mit der Aesthetik verbunden. „Die Religion macht ausser dem moralischen Eindruck noch einen ästhetischen, und dies ist ihr so wesentlich, dass wenn sie gar nicht ästhetisch wirken sollte, sie auch gar nicht moralisch wirken könnte." Die religiösen Ideen selbst liegen ausserhalb des Bereiches des Erkennens; das höchste Wesen ist nicht als ein durch das Denken erreichbarer Gegenstand im Kreise unseres Wissens.

Herbart beabsichtigt, durch die Annahme der Realen in seiner Metaphysik eine Vermittelung zwischen Körperlichem und Geistigem zur Anschauung zu bringen; aber die Kluft zwischen beiden Welten besteht nach wie vor, und sie zeigt sich uns um so deutlicher, je eifriger wir die Brücke suchen, die von der Körperwelt zur Geisteswelt führt. Die Realen sind einfache Wesen, es sind Punkte, welche als solche keine Theile haben. Nehmen wir nun an, dass die Kraft unserer äusseren Sinne unendlich vergrössert würde, und dass bei dieser Vollkommenheit der Sinne auch das Unendlich-Kleine einen Eindruck auf dieselben machte, und fragen: ob die Realen für Sinne dieser Art bemerkbar seien? — Erfolgt die Antwort, dass die Realen auch für Sinne von dieser Vollkommenheit nicht bemerkbar seien, so erklären wir die Realen mit vollem Rechte für mathematische, also nur gedachte Punkte. Dass aber aus mathematischen Punkten durch Zusammensetzung derselben, durch mehr oder weniger tiefe wechselseitige Eindringung ein „Klümpchen" werde, lässt sich in keiner Weise denken; der für diese wesentliche Umwandlung nothwendige Process ist unvorstellbar, die einen solchen Vorgang nachbildenden Gedanken sind keine Gedanken des widerspruchsfreien Denkens. Erfolgt hingegen auf obige Frage die Antwort, dass die Realen für unendlich geschärfte Sinne bemerkbar sein würden, so wird dadurch die Geisteswelt als nicht wesentlich verschieden von der Körperwelt erklärt, und die *Herbart*'sche Metaphysik enthält die Principien des Materialismus. Herbart selbst spricht es aber bestimmt und wiederholt aus, dass in seiner Philosophie der Materialismus nicht enthalten sein solle. Was nun aber die *Herbart*'sche Psychologie anlangt, so darf man nicht verkennen, dass sie als Versinnbildlichung des Denkvorganges ungemein veranschaulichend und dadurch ansprechend und einnehmend ist; aber den Charakter einer Darstellung des Denkprocesses selbst darf man ihr nicht zuerkennen, wenn man nicht mit sich selbst zerfallen will. Sollte *Herbart* in der That hier nicht bloss bildlich sprechen, sondern die Sache, wie sie an sich ist, darstellen wollen, so würde sich nach seiner Auffassung, nach hinreichenden Beobachtungen und Erfahrungen, bei Annahme einer Maass-Einheit, unser ganzes geistiges Leben in einer Rechnung darstellen lassen: wo aber das Rechnen anfängt, hört die geistige Freiheit auf. Sollen wir aber für Hypothesen ein thatsächliches Bewusstsein hingeben? Sollen wir denn wirklich uns die Zumuthung machen, unser thatsächliches Bewusstsein der Freiheit, die Grundlage unserer Persönlichkeit, für eine grobe Selbsttäuschung zu halten, und dann ungeachtet dieser vermeintlich tieferen Einsicht, immer noch in einer Weise fortfahren uns zu geriren, als ob das Bewusstsein der Freiheit eine unläugbare Wahrheit wäre? — Mag nun auch der Mensch in den meisten Fällen bei seinen Entschliessungen von den durch die Aussenwelt bedingten Vorstellungsreihen, insofern er durch dieselben sich dazu bestimmen lasse, was er wolle, abhängig sein und hierbei in diesem Was als unfrei erscheinen: so bethätigt er doch seine transscendentale Freiheit dadurch, dass er überhaupt will, d. h. dass er mit Bewusstsein sich selbst einreiht in die Verkettung des Ganzen, und nicht als ein todtes, sondern als ein lebendiges, und zwar geistig lebendiges Glied die Stelle einnimmt, in welcher er sich erblickt, und dem Vernunftzweck des All-Organismus sich unterzuordnen oder demselben entgegenzustreben, eigenmächtig wählt. Es giebt aber auch nicht selten Momente, wo des Menschen Geist bei der Gestaltung des Willens plötzlich die im Bewusstsein befindliche Vorstellungsreihe endigt und den ersten Punkt zu einer Reihe von Vorstellungen setzt, welche von den Vorstellungen jener Reihe sich wesentlich unterscheiden. Gewähren nun diese Vorstellungen, deren Gegenwart im Bewusstsein nicht durch die Aussenwelt, sondern selbstständig durch den Geist verursacht worden ist, und die in ihrer Qualität nicht den Charakter der Sinneswelt, sondern den Charakter der Vernunftideen offenbaren, gewähren diese Vorstellungen bei der vollführten Bethätigung des Willens den Inhalt desselben: so zeigt der Geist sich nicht bloss darin frei, dass er will, sondern seine Freiheit erweist sich auch in dem, was er will. —

Wenn das Denken für mechanische Bewegung der Vorstellungen erklärt und der Wille als das Uebergewicht der schwereren Vorstellungsreihen aufgefasst wird: so ist darin der Wesensunterschied zwischen der

Substanz der Körperwelt und der Substanz der Geisteswelt geläugnet. Die *Herbart*'sche Psychologie in dieser Auffassuug kann nur im Materialismus eine haltbare Stellung einnehmen; in ein philosophisches System, welches neben der mit Nothwendigkeit sich gestaltenden Körperwelt eine sich frei entwickelnde Geisteswelt anerkennt, passt Mechanismus des Geistes nicht. Mit *Herbart* endet die Reihe derjenigen Philosophen, welche in ihren Systemen selbstständig auftreten, welche durch Aufstellung neuer Principien der Metaphysik eigenthümliche Weltanschauungen gewinnen, und darnach das Gesammtgebiet der Philosophie bearbeiten.

In einer Geschichte der Philosophie würden auch diejenigen Philosophen in Betracht zu ziehen sein, welche entweder durch Combinationen der Principien verschiedener Systeme, oder durch erweiternde Fortbildung eines vorhandensn Systems, oder durch Umarbeitung einzelner Theile der Philosophie, oder durch erfolgreiche Mitwirkung zur Verbreitung der Philosophie sich einen Namen erworben haben. So wären in einer Geschichte der Philosophie unter Anderen auch *Oken, Krause, Schleiermacher, Beneke* und *Schopenhauer* zu nennen und ihre philosophischen Gedanken ausführlich mitzutheilen gewesen. Es mögen in dieser Charakteristik einige Andeutungen über die wesentlichen Punkte der philosophischen Anschauungen der Genannten Platz finden.

Oken [1779—1851] erblickte in der Natur eine unendliche Wiederholung eines und desselben Grundtypus in den mannigfaltigsten Combinationen und Abstufungen. Das Absolute ist ihm ewige Persönlichkeit; die Welt ist die Sprache Gottes. Auf der Basis *Schelling*'scher Grundanschauungen gewinnt er die Ansichten, dass Gott im Denken des Menschen sich selbst erscheine: dass der Mensch das Abbild Gottes einerseits und andrerseits das Abbild der Welt sei; dass im Thierreich der vollständige Mensch auseinander gelegt wiedergefunden werde, und dass die Aussenwelt als eine Fortsetzung des Systems der Sinne der lebenden Wesen betrachtet werden müsse.

Krause [1781—1832] findet im Absoluten, je nachdem dasselbe aufgefasst werde, die Vernunft und die Natur. In einer, durch Verdeutschung der philosophischen Bezeichnungen ohne Geschick und Geschmack, schwerfällig breiten Darstellungsform erörtert er den Begriff des Absoluten, wie dasselbe an sich ist, als Urwesen, und wie es in seinem Heraustreten aus sich, in seinem Eindringen in das Endliche erscheint, als Orwesen. Gott ist ihm das Eine und das Eine ist Selbheit und Ganzheit, Allvereinganzheit. Gott als Selbstinnesein ist Schauen der Seligkeit und seliges Schauen, und hierin das unendliche Vernunftwesen. Er ist Vereinwesenheit, Theilganzheit, das Unendliche im Endlichen. In der Menschheit ist Vernunft- und Naturwesen vereinigt, die Selbheit und die Ganzheit. Aber das Wesen des Absoluten geht nicht auf in der Menschheit, sondern behauptet noch ausser derselben seine Selbstständigkeit. — „Wesen ist Wesenheit" und „Formheit oder Satzheit" und „Seynheit oder Daseinheit" und „Wesen als Wesen ist sein selbst inne, als Weseninnesein, und daran als Ganzweseninnesein, Selbweseninnesein oder Schauen, Ganzweseninnesein oder Fühlen und Vereinganzweseninnesein oder Schauvereinfühlen". — Gott durchdringt den Staat als Organismus des Rechtslebens, die Kirche als Gefühl der Innigkeit und die ganze Gemeinschaft der Menschen im Principe der freien Entwickelung des Einzelnen bei Verbindung zu Genossenschaften zur Gliederung eines in Wahrheit bethätigten Kosmopolitismus. Das Humanitäts-Princip erscheint als Grundlage der practischen Philosophie.

Schleiermacher (1768—1834) trachtet den *Fichte*'schen Gedanken der absoluten Befreiung und Selbstbestimmung des Ich mit dem *Jacobi*'schen Gefühl der Abhängigkeit des Menschen von einem höhern Wesen zu versöhnen; er stellt die Religion dar als das Aufgenommensein des Absoluten in das Wesen des persönlichen Ich, wodurch die Selbstbethätigung des Ich zugleich als eine Abhängigkeit von einem Höheren sich erweist.

Beneke (1798—1859) legt die empir'sche Psychologie, und in dieser den Vorstellungsmechanismus den philosophischen Anschauungen zu Grunde. Das Ich ist ihm weiter nichts als die abstrakte Gesammtheit der einzelnen Vorstellungen, Gefühle und Entschliessungen. Reiz, von der Aussenwelt auf die Sinne gewirkt, bildet den Anfang des Seelenlebens, das Hervortreten der Seelenkraft zu einem Seelenvermögen. Das innere Vermögen behält nun allmälig die Eindrücke als Vorstellungen, Empfindungen und Begehren. Diese verbinden sich zu Urtheilen und Entschliessungen und formiren sich zu Reihen und complicirten Combinationen. Das Bewusstsein entsteht aus der Gleichartigkeit der Vorstellungen und Empfindungen durch Wiederholung derselben. Das Bewusstsein ist der Seele nicht wesentlich. Die Seele gleicht einer Pflanze, der Leib dem Boden, in welchem die Pflanze wurzelt. Es ist möglich, dass nach dem Tode die Seele in einen andern Boden verpflanzt wird, es ist aber auch möglich, dass sie sich dem Boden assimilirt.

Schopenhauer (1788—1860) verbindet in seinen philosophischen Anschauungen den subjectiven und objectiven Idealismus: die Welt erscheint ihm als Vorstellung und Wille. „Alles, was für die Erkenntniss da ist, also die ganze Welt ist nur Object in Beziehung auf das Subject, Anschauung des Anschauenden, mit einem Wort: Vorstellung." „Ich betrachte das innere Wesen, welches aller realen Nothwendigkeit, als ihre Voraussetzung, erst Bedeutung und Gültigkeit ertheilt, beim Menschen Charakter, beim Stein Qualität heisst, in beiden aber das Selbe ist, da wo es unmittelbar erkannt wird, Wille genannt, und das im Stein den schwächsten, im Menschen den stärksten Grad der Sichtbarkeit, Objectivität hat." Das Ding als Erscheinung ist Vorstellung; Ding an sich ist allein der Wille. Die ganze Welt ist daher Objectivation eines Willens, und zwar auf verschiedenen Stufen. Die niedrigste Stufe bilden die allgemeinen Kräfte der Natur, die höchste Stufe bildet die Individualität des Menschen. Die Erscheinungswelt ist der Spiegel des Willens, und der Wille ist das Wesen der Welt. Die ganze Welt ist als Vorstellung die Sichtbarkeit dieses einen Willens in unendlicher Individuation. — Die menschliche Vorstellung gelangt nicht zu dem Naturwillen unmittelbar, sie ist ja selbst nur eine Erscheinung, und zwar die Erscheinung des Willens im Menschen. Nur der Wille des Menschen gelangt unmittelbar zu dem (objectiven) Willen der Natur. Das Ding an sich ist für die Vorstellung unfassbar, aber der Wille erkennt in ihm seine eigene Natur. Die Kunst ist die Verdeutlichung der Sichtbarkeit des Naturwillens, die camera obscura, das Schauspiel im Schauspiel. — Der Wille sowohl in der Natur, als im Menschen vernichtet sich selbst, und zwar in der Natur, indem der Einzelne sich dem Allgemeinen einreihet, und im Menschen, indem der Mensch den Egoismus zerstört und sich in Liebe und Mitleid der Menschheit anschliesst. — Der Wille ist der Ausdruck eines Mangels und Leidens. Der Schmerz erregt den Willen, und ist der Wille nicht erregt, so tritt die Langeweile ein. Das Leben gleicht einem Pendel, welches zwischen Schmerz und Langeweile schwingt. — Jeder Mensch, welcher seinen Zustand erkennt, erhebt seinen Willen zu freiwilliger Entsagung, und in der Resignation erhält er den Frieden, erringt er das höchste Gut, erlangt er die Freudigkeit im Tode. — Während bei *Fichte* die Vorstellung im vorstellenden Subjecte sich bildet, isolirt *Schopenhauer* die Vorstellung, er bringt sie ursprünglich ausser Verbindung mit einem vorstellenden Subjecte; er setzt sie als die andere Seite des Willens, als die Erscheinung des Willens. Der Wille nun wiederum tritt bei ihm ohne wollendes Subject auf, er ist ohne Grund ursprünglich selbstständig, und zwar als Kraft und Trieb, ein „blinder unaufhaltsamer Drang." In dem unorganischen Körper ist das Ding an sich nur die Kraft des Willens, im organischen Körper tritt der Wille in seiner Qualität schon deutlicher hervor, er ist selbst schon mit dem Organismus als Bildungstrieb verschmolzen, im Menschen ist der Wille in voller Klarheit vorhanden, er ist das Wesen, der Charakter des Individuums und hier erkennt er sich selbst in seiner wahren Natur als Willen, er erkennt seine Selbstständigkeit und seine Macht. — Während bei *Schelling* die objectiven Ideen, welche den Dingen der unorganischen Natur zu ihren Gestalten unbewusst und ungewusst als Norm dienen, in den Systemen der organischen Natur als Vorbilder dem Bildungstrieb dunkel vorschweben und ihn leiten, und im Menschen sich selbst in ihrem Wirken erkennen, während bei Schelling diese objectiven Ideen in einem Absoluten ihre Einheit erhalten: bleibt *Schopenhauer* bei den Vereinzelungen der objectiven Ideen, die als Wille eingeführt werden, stehen, und erhält dadurch kein einheitliches Ganzes, sondern nur ursprünglich nebeneinander bestehende, in den Dingen der unorganischen und organischen Natur realisirte Ideen. Diese Ideen haben nun für *Schopenhauer* die Bedeutung der platonischen ewigen Ideen, sie haben Wesenheit an sich, und werden in ihrem Ansichsein Wille, in ihrer Aeusserung Vorstellung genannt. — Vorstellung und Wille ohne vorstellendes und wollendes Subject ist, nach dem gewöhnlichen Sprachgebrauch gedeutet, für den menschlichen Verstand unbegreiflich und für die menschliche Vernunft unfassbar. Der Wille als blinder Drang ist und bleibt „Kraft", das Wort „Kraft" ist der Grenzpunkt des menschlichen Wissens. — Die Auffasung der Natur als ein Nebeneinander von unendlich vielen Naturkräften, ist ein Rückschritt der Philosophie, welche nur in der harmonischen Einheit des All in einem absoluten Geiste Befriedigung finden und gewähren kann.

Die Philosophie, welche in den Systemen des Idealismus auftrat und mit stolzer Missachtung aller übrigen Richtungen, absolute Alleinherrschaft beanspruchte, errang wohl und behielt Jahrzehnte hindurch die Herrschaft auf dem Katheder, aber dem Leben selbst blieb sie fremd. Die gebildete Welt ahnte in dieser Philosophie, die sich hinter dem Bollwerk einer mysteriösen Phraseologie verbarg, das künstliche Produkt einer überreizten Phantasie, und wendete sich zum Indifferentismus, Skepticismus oder **Materialismus.** Der Glaube an die **persönliche Freiheit, Unsterblichkeit** und an **Gott** wurde in seinen tiefsten Gründen erschüttert, und die Erschütterungen äusserten ihre Wirkungen in immer weiteren Kreisen. Die Philosophie des Katheders blieb abgeschlossen von der Welt; sie hielt es ihrer Würde nicht angemessen, zu dem Volke herabzusteigen und Anknüpfungspunkte zwischen den Gedanken des Volkes und den philosophischen Ideen aufzusuchen, um dem Versinken in materialistischen Atheismus entgegenzuarbeiten.

Die **Naturwissenschaften** nahmen einen schnellen Aufschwung und die Vertreter derselben erkannten das Bedürfniss der Zeit: Sie machten ihre Wissenschaft dem Volke zugänglich. Das Volk suchte in diesem geistigen Genusse Ersatz für den Mangel metaphysisch-ethischer Ideen. Bald überschritten die Naturwissenschaften ihre natürlichen Grenzen: sie drangen in das Gebiet der Metaphysik ein und die Philosophie überliess mit stiller Ergebung ihren Stammsitz den Eroberern. Die Metaphysik, das Wesen der Philosophie, kam in die Hände der Chemie, Anatomie und Physiologie. Mit dem anatomischen Messer und dem Mikroskop sollten die Begriffe: Gott, Freiheit und Unsterblichkeit durchforscht werden. „Stoffwechsel" war das Losungswort, was von nun an bis zur Langenweile immer und immer wiederholt wurde, wie seiner Zeit das „Ich" und „Nicht-Ich." Man verkündete in die Welt hinein: Alles ohne Ausnahme unterliegt dem Stoffwechsel, und wie die Blume blüht und in der befruchtenden Blüthe den Gipfel ihres Daseins erreicht: so ist die Blüthe des Gehirns das Denken und die Frucht des Denkens das Wollen. Der Mensch ist ja nur eine Pflanze, der Magen ist der Boden, in welchem sie ihre Wurzeln schlägt, und wie jede Pflanze nach dem Verbrauch der organischen Kraft der Erde anheim fällt: so endet der Mensch, wenn seine Lebenskraft sich aufgezehrt hat, und der Stoffwechsel assimilirt ihn gänzlich und völlig den Elementen der Natur. Der Geist, das Resultat der Verbindungen von Stoffen, endet mit der Trennung derselben, wie das Gehen der Uhr aufhört, wenn das Räderwerk zerstört ist.

Nur des Stoffes und der Kraft bedarf es, und die Welt entsteht und ist, wie sie geworden. In irgend einer Weise müssen sich Stoff und Kraft zu einander verhalten, und wie sie sich zufällig wechselseitig verhalten, dies bildet ihr Gesetz. Nachdem sich ein gewisser Kreislauf der Dinge von selbst gestaltet hat, geht alles mit Nothwendigkeit den gleichen Gang. Der Gedanke von der Freiheit des Menschen entspringt aus geistiger Blödsichtigkeit, man erblickt dasjenige nicht, was zum Handeln mit Nothwendigkeit treibt. Der Mensch ist ein Rädchen in der grossen Maschine, welches die Eigenthümlichkeit hat, dass es die von aussen erhaltene Bewegung durch das Fühlen, Denken und Wollen hindurchgehen lässt und wieder als Bewegung nach aussen überleitet.

Der Zweckbegriff ist eine unnöthige Zugabe zum Dasein des Dinges; das Ding ist, indem es und weil es ist und damit es ist; aber warum dieses Weil und Damit? es reicht aus zu sagen: das Ding ist. Ebenso ist es überflüssig, in der Natur, wo Alles so trefflich selbst von Statten geht, die Einwirkung eines Gottes zu statuiren; ja diese Einwirkung würde den regelmässigen Gang der Maschine nur stören. Der Gedanke „Gott" stammt auch gar nicht aus der Anschauung des nothwendigen Naturgeschehens, er ist das Erzeugniss der geistigen Stumpfheit oder Verblendung, welche den Zusammenhang des Naturgeschehens nicht erblickt, und da, wo eine Lücke des Verständnisses ist, das Wirken Gottes als Glied der Verkettung einsetzt. „Unsterblichkeit," „Freiheit," „Gott" sind Bilder der Phantasie, denen keine Wirklichkeit entspricht. — Dies sind über die metaphysisch-ethischen Ideen die Phantasien des Materialismus in ihrer wahren Gestalt; so erscheint das Gehirn eines Materialisten, welcher sich selbst klar ist, wenn es in voller Blüthe steht!

Was bildet denn nun aber die wissenschaftliche Grundlage zu diesen Urtheilen über Gegenstände der Metaphysik? — Die Expectorationen **einiger** Chemiker, Anatomen und Physiologen, welche sich in das Gebiet der Metaphysik verirrten, und sich berechtigt glaubten, in diesem ihnen fremden Bereich, ohne Sachkenntniss, nach ihren willkürlichen Meinungen Bestimmungen zu treffen. Um aber in der Metaphysik nur sich sicher zu orientiren, ist ein gründliches Studium sämmtlicher älteren und neueren Systeme der Philosophie unerlässlich.

Wenn der **Chemiker** die Stoffe verbindet und trennt und den Wechsel der Gestaltungen beobachtet, so erblickt er nur Gewirktes, nie das Wirken selbst, nie die bindende und lösende Kraft, nie das bildende Princip der Natur. Das Lebendige im Bilden entgeht der sorgfältigsten Forschung; nur das Gewordene, das momentan Erstorbene offenbart sich dem Blick, und nur über dieses, nicht über das bildende Princip selbst, kann von der Chemie ein rechtsgültiges Urtheil gefällt werden.

Wenn der **Anatom** den Organismus in seine Bestandtheile zerlegt und die kleinsten Gliederungen erkennt und ihren Zusammenhang bis zum vollständigen Ganzen verfolgt: so hat er doch nur den zerstörten, nicht den lebendigen und sein Leben bethätigenden Organismus vor seinen Blicken; er betrachtet die Gestalt des Todes, nicht die des Lebens; seine Berechtigung zum Urtheile geht nicht weiter, als seine Erfahrung reicht; er überschreitet die Grenzen seines Rechts, wenn er vom Cadaver auf das Princip des Lebens schliesst.

Wenn der **Physiolog** die Verrichtungen der Organe des Körperorganismus im gesunden und krankhaften Zustande mit sorgfältiger Aufmerksamkeit beobachtet, um hieraus auf das Zusammenwirken derselben zum vollständigen Bestand des Ganzen den Schluss zu ziehen, so entgeht ihm bei aller Schärfe seines Blickes doch etwas: die **Seele** des Organismus selbst. Wie im Mechanismus der Uhr nicht die Zusammenstellung der Räder, nicht der gewundene Stahl der Feder an und für sich, sondern die in der gewundenen Feder liegende **elastische Kraft** das Gehen der Uhr bedingt: so ist im Organismus jedes Glied nur dadurch thätig, weil die **Seele** des Ganzen dasselbe zur Thätigkeit antreibt. — Werfen wir einen Blick in das Gehirn des Menschen. Die Lichtwellen, welche die Sonne erregt, stossen an den Baum und werden zum Theil in das Auge reflectirt; sie dringen in dasselbe ein und schaffen das Bild des Baumes auf der Netzhaut. Der Nerv führt die Bewegung zum Gehirn und in demselben gestallten sich die Nervenfasern, gleichsam die fixirten Bilder der äusseren Gegenstände. Ist diese fixirte Faser schon die Vorstellung des Baumes selbst? — Gewiss nicht. Sie giebt nur die Möglichkeit, dass wenn Etwas da ist, was fühlen kann, dieses Etwas die Bewegung und Fixirung der Faser fühlt. Dies ist die **Seele**. — Wird die durch neue Bildungen angeregte Bewegung dieser Fasern schon das Denken selbst erzeugen? — Gewiss nicht. Diese Bewegung der Fasern enthält nur die Möglichkeit, dass Etwas, was die Bewegungen gleichsam anschauend verfolgt, die Gefühle zu Gedanken in sich verarbeitet. Dies ist der **Geist**. — Die Zerstörung dieser Fasern verursacht das Verschwimmen der sinnlichen Vorstellungen; aber dies benimmt der Seele, benimmt dem Geist nur die Möglichkeit, sein Leben zu bethätigen; Seele und Geist sind **nicht** vernichtet, sondern nur in ihrem Sichäussern gehemmt. Wird etwa die bildende Kraft des Künstlers dadurch vernichtet, dass der Griffel seiner Hand entfällt? Und wenn er lange nicht den Griffel wieder in die Hand nehmen könnte, um sein Inneres nach aussen zu bethätigen und wenn er sogar zeitweilig seiner bildenden Kraft nicht eingedenk wäre: diese bildende Kraft bleibt ihm doch, auch ohne sich zu offenbaren, sie harrt des Augenblickes, bis ihr die Möglichkeit gegeben ist, wieder hervorzutreten.

Weder der Anatom, noch der Physiolog erschauen jemals die Entstehung des Lebens, die Entstehung der Empfindung, die Entstehung des Bewusstseins, die Entstehung des Selbstbewusstseins. Man nennt dieses Entstehen wohl das Resultat vom Zusammentreffen der Naturkräfte. Dies ist aber nur eine Behauptung, denn es fehlt der Beweis. Das Fürwahrhalten dieser Behauptung erfordert Glauben, aber einen willkürlichen Glauben, nicht einen Glauben, der auf Nöthigung des Gefühls sich stützt. So wird die Naturforschung nothwendig das, was sie durchaus nicht sein will, sie wird dogmatisch, wenn sie ihre Grenzen überschreitet und das Gebiet der Philosophie betritt.

Die Harmonie des Menschen mit sich selbst zu bewirken, ist der Zweck der Philosophie, die Harmonie zwischen seinem Denken und Wollen, die Harmonie des Menschen mit den Gesetzen, die das All durchdringen. Jedes Glied im kleinsten Organismus lässt einen Zweck seines Daseins erkennen, oder nöthigt uns, einen solchen zu setzen. Jeder niedere Organismus findet seinen Zweck in der Unterordnung unter einen höhern. Das All ist ein Organismus, welcher in abstufenden Ordnungen Organismen zu Gliedern hat. Wir fühlen uns gedrungen, wie den Theilen, so auch dem Ganzen, wir fühlen uns gedrungen, auch dem Dasein des All einen Zweck zuzuerkennen. Zweck führt auf Willen, und Wille auf persönlichen Geist; so setzen wir einen persönlichen Geist als schöpferischen Urgrund des All.

Was der absolute Idealismus am Ende als Resultat gewinnt, nämlich den absoluten sich selbst schauenden Geist, das ist vielmehr der Anfang von Allem. Warum aber setzt die Philosophie nicht einen persönlichen Gott als Schöpfer der Welten? — Weil man das Wesen Gottes nicht mit den äussern Sinnen wahrnehmen kann und weil man dasselbe in seinem Denken zu fassen nicht vermag. Aber man setzt die Substanz der Ausdehnung, die Atome, die Monaden, die Realen, man setzt die Substanz des Denkens, die subjective, die objective, die absolute Idee als Grund der Welten. Können diese gesetzten Weltursachen oder Weltgründe ihrem Wesen nach mit den Sinnen wahrgenommen, kann ihr Wesen mit Klarheit gedacht werden? — Nein! — Aber, wird man sagen, man erkennt ihr Vorhandensein in ihrer Aeusserung, in ihrem Wirken. Kann man aber denn nicht viel deutlicher das Wirken eines persönlichen Geistes im Dasein der Welt erkennen? Daher: Hypothese gegen Hypothese. Setzen wir einen persönlichen Geist als Weltenschöpfer und versuchen wir, ob wir mit dieser Voraussetzung uns das Dasein der Welt erklären können.

Gott, der unendliche Geist, der ewig lebendige, der unbegrenzt freie, wissende und wollende Geist, er weiss sich selbst in seinem Wollen, und er will sich selbst in seinem Wissen, er ist in ewiger Einheit mit sich selbst. Der Wille des endlichen, menschlichen Geistes ist nur ein gestaltender; es steht seiner Kraftäusserung überall schon vorhandene Kraft entgegen; er ist durch das Vorhandensein dieser Kraft beschränkt; indem aber der endliche Geist in sich selbst sich der Gesetze der Kraft bewusst ist, schafft er nach seinem Wissen das gegenseitige Aufeinanderwirken der vorhandenen Kräfte: er gestaltet. Der Wille des unendlichen Geistes ist ein schaffender; es steht seiner Kraftäusserung keine ihm fremde Kraft entgegen. — Gott, der schon ist, kann durch seinen schaffenden Willen nicht sich selbst schaffen, er muss ein Andres schaffen, das noch nicht ist: er schafft das All. Er ist durch nichts beschränkt als durch sein Wissen; durch dieses wird die Beschaffenheit des durch seinen Willen Geschaffenen bestimmt. — Gott der ewige Geist ist das absolute Selbstbewusstein; er weiss sich als Subject seiner selbst, er weiss sich als sein eigenes Object, er weiss sich als Selbstbewusstsein. Indem er sich als die Kraft, sein eigenes Object zu sein, weiss und dieses Wissen will, entsteht ausser ihm die Kraft, welche die Möglichkeit enthält, Object zu sein; indem er sich als die Kraft, Subject seiner selbst zu sein, weiss und dieses Wissen will, entsteht ausser ihm die Kraft, welche die Möglichkeit enthält, Subject zu sein. Im Zusammentreffen dieser Kräfte entsteht die Körperwelt und Seelenwelt. Sobald die objective Kraft der subjectiven gegenübersteht, wird sie Gegenstand derselben: sie erscheint als Materie, und die subjective Kraft gegenüber der objectiven, wird durch dieselbe zur fühlenden Seele. Diese beiden Kräfte verhelfen sich gegenseitig aus der Möglichkeit zur Wirklichkeit des weltlichen Seins. — Indem Gott sich als Selbstbewusstsein, als Subject und Object in Einem weiss, und dieses Wissen will, entsteht ausser ihm die Kraft, welche die Möglichkeit enthält, Subject und Object in Einem, Selbstbewusstsein zu sein. Das Selbstbewusstsein schliesst in sich Willen und Freiheit. Indem Gott in seinem Selbstbewusstsein seinen Willen, die Abgebung seiner Freiheit an sich selbst, weiss und dieses Wissen will, entsteht ausser ihm die Kraft des Gesetzes, die Möglichkeit des objectiven Geistes; indem Gott in seinem Selbstbewusstsein auch seine Freiheit weiss und dieses Wissen will, entsteht ausser ihm die Kraft der Freiheit, die Möglichkeit des Willens, die Möglichkeit des subjectiven Geistes, der sich selbst als sein Gesetz weiss und will. Der geschaffene subjective Geist erschaut sein Wesen im objectiven Geist: die Geisteswelt erwacht zum Leben.

Aber wie der menschliche Geist sein Selbst als von seinem Gedanken und Willensäusserungen verschieden weiss: so geht das Wesen Gottes nicht in die Welt über, nicht in der Welt zu Grunde.

So ist es dem Geiste denkbar, dass Gott als persönlicher Geist das All geschaffen habe, und dass er selbst weder durch das All erst werde noch im All aufgehe, sondern mit dem All und ausser dem All als ewiger, sich selbst wissender und wollender Geist existire.

Diese Hypothese aber wird mir zur gewissen Wahrheit durch das Bewusstsein meiner Freiheit.

Die Ideen **Gott**, **Freiheit**, **Unsterblichkeit** stehen in unzertrennlicher Verbindung; mit jeder derselben stehen oder fallen die anderen.

Nun kann ich mir zwar das **Dasein Gottes** nicht direkt beweisen, denn der schöpferische Urgrund von Allem hat eben keinen Grund seiner Existenz ausser sich, auf welchen ich in meinem Denken den Gedanken Gottes gründen könnte; und ich kann mir meine **Persönlichkeit** nicht beweisen, weil mein Wissen derselben ein unmittelbares ist, und ich daher ein Band nicht erhalte, durch welches ich nothwendig das Bewusstsein meiner Persönlichkeit mit meinem Wissen verbände; aber ich kann mir des Besitzes **meiner Freiheit** in jedem Augenblicke meines Lebens durch die That, sei es die innere oder die äussere, gewiss werden.

So halte ich denn fest an dem Bewusstsein meiner innern **Freiheit** und erkenne und erfasse in diesem Bewusstein die Wahrheit der Ideen **Gott** und **Unsterblichkeit**.